오늘도 삶의 노래를 쓴다

김원희, 김혜진, 문갈렙, 박혜정, 안은향, 양성금, 원로이스, 이영, 황보영 공저

글과길

오늘도 삶의 노래를 쓴다

김원희, 김혜진, 문갈렙, 박혜정, 안은향, 양성금, 원로이스, 이영, 황보영 공저

GMP 글쓰는 선교사 9인이 쓴
첫 번째 삶의 노래

글과길

✦ 들어가는 글 ✦

얼마 전에 유튜브로 우연히 한국의 천재 피아니스트 '임윤찬'의 등장에 관한 영상을 보게 되었다. 그는 18세로 젊다는 표현도 안 어울릴 것 같은 내 아들과 비슷한 나이의 청소년이었다. 아직 어리지만 이미 자신만의 고유한 해석과 철학을 갖추고 피아노 한 음 한 음에 진심을 실어 청중과 소통하고 있었다. 그의 연주에서 가장 감명 깊었던 부분은 오케스트라와의 협연에서 피아노가 오케스트라를 이끌어 갈 수 있음에도 불구하고 끊임없이 지휘자와 눈을 마주치며 지휘자와 오케스트라 안에 최대한 스며들어가려는 그의 태도였다. 그의 모습을 보면서 우리 보통사람들이 삶 속에서 만들어 가는 노래도 이와 같다고 느껴졌다. 세상을 깜짝 놀라게 하는 피아니스트뿐만 아니라 유명有名이나 무명無名인 듯한 우리 한 사람, 한 사람도 각자가 세상이라는 오케스트라와 함께 빚어내는 삶의 노래가 분명히 있었기 때문이다.

'자신'이 왜 이 삶을 살아가게 되었는지를 알고, '자신'을 만드신 이가 누구인지 깨달으며, 삶의 모든 순간마다 '타인'과 어우러져서 사랑을 나누고 서로 배우며 성장하게 만들어 가는 삶의 모습이 바로 우리가 만들어 가는 노래라고 생각한다. 우리가 각자의 삶의 현장에서 만들어내는 삶의 노래는 '글'로 쓰여졌을 때, 비로소 악보로 남게 되고, 그 노래를 듣는 사람들의 마음에 공명을 불러 일으킬 수 있다.

새롭게 출발한 2기 GMP 개발연구원에서 '어떻게 하면 선교사들의 자기계발을 독려할 수 있을까'라는 고민 끝에 선교사는 왜 글을 써야 하는지에 대한 강의와 실제적인 글쓰기 8주 과정에 도전해 보기로 하였다. 이는 GMP선교단체 역사상 처음 있었던 일로, 어떻게 보면 TV프로그램의 정규 방송이 아닌 파일럿 프로그램과 비슷한 성격을 지녔다. 이 프로그램이 과연 선교사들의 관심을 받을 수 있을까, 없을까? 이 프로그램이 과연 선교사들에게 도움이 될까? 안될까? 수많은 물음표들이 따라 붙었지만, '일단 해 보자, 도전하자'는 마음으로 강의와 수업을 시작했다. 의외로 많은 선교사님들께서 강의에 참여하셨고, GMP개척선교회에서 글쓰기에 진심인 9명이 모여 자신의 삶의 면면에 대해서 회상하고, 성찰하고, 꿈 꿔 보았다. 그 중에서 글쓴이 자신에게 기쁨을 주었던 글들을 추려보았다.

제1장에는 창조주께서 창조하신 '나 자신'에 대해서 깊이 생각해 보는 시간을 가졌다. 나는 누구인지, 나의 특징은 무엇인지, 나의 장점과 단점은 무엇인지에 대해서 소제목을 붙여서 써 보았다.

제2장에서는 그냥 흘려 보낼 수 있는 삶을 더 가치 있게 만들어가기 위해서 각자 자신의 인생의 핵심가치 역할을 하는 단어를 선택해서 기술해 보았다. 사전적인 정의를 가진 일반적인 단어들이 각 개인의 삶 속에 녹아들어 어떻게 삶을 특별하게 이끌어가는 원동력이 되었는지 재정의를 내려보았다.

제3장에서는 주님과 더욱 가까이 하는 삶을 위해 일상 생활의 실제적인 삶의 순간에 어떻게 주님께서 생각과 감정과 깨달음과 말씀을 주셨는지 써 보았다.

제4장에서는 주님께서 각 사람에게 주신 비전이 어떻게 사역지에서 이루어지고 있는지를 써 보았다. 사역지의 개관, 문화, 언어, 역사 등의 글 중에서 몇 편을 선택하였고, 사역의 실패를 통한 반성, 개선해야 할 점들, 대안 등을 써 보았다.

마지막으로 제5장에서는 글 쓰는 선교사로서 앞으로 우리가 새롭게 개척하고 도전할 수 있는 영역인 '서평'에 대해서 공부하고 써 보았다.

1기 글쓰기 프로그램은 끝이 났지만 각자가 걸어가고 만들어 가는 삶의 여정 속에서 변함없이 '오늘도' 삶의 노래를 써 내려 갈 것이다. 오케스트라와 피아노 연주자의 협연이 돋보였던 것처럼, 우리를 창조하신 분과 함께, 또, 사랑하고 나누고 배우라고 곁에 두도록 허락하신 많은 사람들과 함께 아름다운 삶의 노래를 계속해서 쓸 수 있기를 기대한다. 또 그 삶의 노래를 통해 많은 분들이 공감하고 힘을 얻으면 좋겠다. 함께 해 주신 글쓰기 벗 선교사님들께 존경과 감사의 마음을 담아 보낸다. '글쓰기'가 파일럿 프로그램이 아닌 정규 프로그램으로 GMP안에 정착하여 많은 선교사들이 자신의 삶의 노래를 다른 이들과 함께 나누기를 바란다.

2023년 9월 16일
알바니아 티라나에서 개발연구위원 박혜정

김원희 선교사 ◆ 한국에서 27년간 미술교사로 학생들을 가르쳤다. 서양화가로 스위스, 영국, 프랑스, 이탈리아 등 유럽과 베이징, 일본, 한국 등 국내 외에서 30여회의 개인전을 열었다. 그외 약 160여회의 국내외 그룹 초대전에 참여했다. 「포스트모던 미술에서의 차용과 반복에 관한 연구」라는 석사 논문을 썼다. 현재 인도에서 14년째 사역 중에 있다. 예루살렘 히브리 대학에서 성경 히브리어와 헬라어 과정(IBS)을 수료하여 성경 헬라어를 신학교에서 가르쳤으며, 교회개척과 교회론에 관심이 많다. 인도 한국문화원과 한인회에서 서양화를 가르쳤다. 현재 미국 미드 웨스턴 신학교 박사과정(Ph. D)중이며 "기독교 신앙과 예술"에 관한 논문을 쓰고 있다. 또한 현재 GMP개발연구원 전략연구팀장으로 섬기고 있다.

김혜진 선교사 ◆ 십대 말에 부모님을 따라 유럽으로 이민을 가 다양한 문화와 언어를 경험하였다. 20대 중반에 하나님을 만날 때 선교사로 부르심을 동시에 확인하였고, 후에 터키로 건너가 28년째 사역 중이다. 최근 독서와 글쓰기의 가능성을 발견한 후 '인생에 은퇴는 없다'고 생각한다. 소녀적 감성의 멋진 할머니를 꿈꾼다.

문갈렙 선교사 ◆ 대학생 때 일생 삼분의 일은 선교 필드에서 헌신하겠다며 손을 들었다. 주님께서 그때부터 주목하시고 인도하신 듯 45세 때에 부르심을 받았다. 이후 '갈렙'이란 닉네임으로 이집트, 스리랑카, 인디아, 중국, 러시아 등지를 비거주 선교사로 복음 전도자를 세우며 순회 하다가 인도네시아에 장기 정착하여 사역하였다. 인도네시아 사역 17년만에 제도상 은퇴 나이가 되어 교회의 귀국 발령을 받고 인도네시아 사역자에게 사역을 이양하고 철수하였다. 지금은 25년 헌신 이후의 사역으로 곤경에 처한 한국 선교사들을 위해 중보기도를 동원하고 재정적으로 돕는 '바나바 사역(BMP)'을 섬기고 있다. 저서로는 전도 현장 이야기를 공저로 엮은 『일곱 집사 전도행전』, 선교 필드에서 짬짬이 쓴 시와 사진으로 출판한 사진 시집 『유적에 핀 꽃』이 있다.

박혜정 선교사 ◆ 2009년 GMP개척선교회 선교사로 허입되
었다. 태국을 거쳐 현재 알바니아에서 한국어 교습 사역과 글
쓰기 사역을 하고 있다. 검도를 통해 인생 후반부를 달려가고
있는 존경하고 사랑하는 남편, 개성 충만한 세 자녀와 함께 희
로애락을 온 몸으로 체감하면서 소소한 행복을 누리며 살고
있다. 현재, GMP 개발연구위원 자기개발팀장으로 섬기고 있
으며, 공저로『목회 트렌드 2023』,『목회트렌드 2024』가 있다.

안은향 선교사 ◆ 만 16년째 캄보디아 꺼꽁주에서 남편 김영
진과 날마다 한 사람을 세우고자 고민하며 살고 있는 선교사
이다. 어린이와 어른 사역의 비중을 비슷하게 두고 교회 개척
과 제자훈련을 하고 있다. 쉽지 않은 길을 걷고 있지만 이 길이
감사로 쓰는 일기이기를 소망하며 걷고 있다.

양성금 선교사 ◆ 청년 시절부터 선교에 헌신하여 카자흐스
탄, 필리핀, 캄보디아에 비젼 트립을 다녀오고, 결혼 후 신혼의
첫 해를 남편 전재범 선교사와 함께 서부 아프리카 세네갈에
서 MK들을 위해 코리안 돔 페어런츠 사역으로 1년을 섬겼다.
이후 두 아이 하연, 하린이를 출산, 양육하다가 다시 부르심을
받고 2012년 GMP 장기 선교사로 세네갈에 파송 받아 11년째
사역하고 있다. 현재 97%가 무슬림인 세네갈 종족 마을에 엔
게레 교회와 음부마 교회를 개척하고, 거점지인 은게코 지역
에 현지 아이들을 위한 도서관과 현지 목회자 훈련을 위하여 비젼 센터를
준비하며 '사명을 품은 항해자'로 살아가고 있다.

원로이스 선교사 ◆ 남편과 함께 선교훈련을 받고 50세에 주님의 부르심을 따라 러시아 연해주 우수리스크에서 살고 있다. 우리는 북녘을 향한 주님의 긍휼한 마음을 따라 이곳에서 '길을 닦는 자' (이사야 62장 10절:"백성이 올 길을 닦으라") 이다. 현재 '다차'를 통해 이웃과 나눔을 가지며, 앞으로 몇 가정이 함께 하여 '공동체'의 삼겹줄 형태로 다가올 길을 예비하며, 기쁘신 뜻을 따라 살아가고자 한다. 자녀들로는 세 명이 있으며 많은 분들의 기도와 성원으로 한국에서 주 안에 살고 있다.

이영 선교사 ◆ 대학 때부터 선교의 꿈을 가졌다. 꿈을 꾼 대로 에콰도르와 필리핀에서 선교사로 사역을 하였다. 선교지에서 철수하고 난 후로는 GMP 본부 선교사로 사역을 하였고, 선교교육연구원을 만들어 선교를 연구하고 교육하는 일을 하였다. 지금은 GMP 개발연구원 원장으로 세 명의 위원들과 함께 GMP 공동체가 필요로 하는 선교전략 연구와 리더십 개발, 그리고 학습공동체를 만드는 일을 하고 있다. 글을 쓰는 것을 좋아하여 『그땅을 밟으며』 등 10여 권의 책을 썼다. 가족으로는 터닝포인트 상담센터에서 상담으로 선교사를 섬기고 있는 아내 김진희, 결혼하여 행복하게 살고 있는 두 딸 새(송영준)와 희래(정예훈)가 있다.

황보영 선교사 ◆ 숭실대학교에서 중문학을 전공하였고 중국에서 선교사로 6년 사역했다. 지금은 말레이시아에서 5년째 사역하고 있다. 가족으로는 조나눔 선교사와 세 아들이 있다. 중국에서 자녀들을 기독교 홈스쿨링으로 양육했다. 항상 긍정적이고 감사한 마음으로 열심히 삶을 살아가려고 한다.

목차 🎼

제 1 장

◆

나를 찾아서

오늘도
삶의
노래를 쓴다

문갈렙 선교사

가야산 비탈에서 날아오른 송골매

가야산 자락에서 태어나 자랐다고 말할 때마다 나는 '그런 산골은 없다!'는 것을 강조하듯 다소 과장된 억양으로 나를 소개하곤 한다. 하기야 내가 자란 가야산 밑, 경상북도 성주군 수륜면 신파리에서 도시로 나가려면 경상남도 합천군 가야면 야천리, 즉 해인사 입구까지 한나절 걸어가서 버스를 타야 했다. 형들과 누나가 명절을 지내고 엄마가 싸준 보따리를 들고서 갈대밭 하늘거리는 개천을 건너 가야산 허리춤으로 아득히 사라지는 길을 따라 떠나가는 아쉬운 작별의 장면은 70을 넘긴 나의 뇌리에 마모되지 않은 돌

출의 무늬로 남아있다. 산으로 둘러싸인 고장에서 자라서인지 나는 어릴 적부터 유달리 바깥 세상에 대한 동경이 컸다. 거의 매일 방바닥에 배를 깔고 엎드려 지리부도를 펼쳐 놓고 놀았다. 가 보고싶은 도시를 넘나들다 나중에는 대양을 건너 지구 반대편까지 다녀오는 것을 수십 번 반복했다. 수많은 나라와 그 수도의 명칭은 여러 번 다녀왔기에 친숙해질 수밖에 없었다. 그래서 나는 친구들 앞에서 나라 이름과 수도 이름들, 멋스러운 이국적 단어를 이미 알고 있다는 걸 뽐내고 싶어 자주 사용하곤 하였다.

작지만 아담한 산골교회, 수륜교회는 내가 엄마 태중에서부터 출석한 나의 모교회이다. 한국의 '3보 사찰'로 꼽히는 해인사를 품고 있어 예로부터 '조선팔경' 혹은 '12대 명산'인 1,432미터 가야산이 내려다보고 있는 나의 고향마을인지라 주일예배 때의 수륜교회 모습은 오늘날 미자립교회 모습의 원조가 아닌가 생각된다. 그런 영적 황무지에서 울 아부지 울 엄마는 교회집사로 신앙을 지키며 황무지를 일구어 경작하신 믿음의 3대손이시다. 그래서 나는 믿는 자가 희소한 산골에서 태어난 믿음의 4대손이라는 것에 가장 큰 자부심을 느끼며 어떤 유산보다 고귀한 신앙의 유산으로 인해 감사가 넘치는 오늘날을 살아간다.

3살때부터 정치에 뛰어든 나, 국회의원 선거와 대선 때마다 나의 입에서 아부지가 지지하시는 유력후보의 이름이 떠나지 않았다니 참 싹수가 남달랐다고 하지 않을 수 없다. 나의 기억에서 아직도 뚜렷한 국회의원 후보 한사람의 이름, "도진희, 도진희! 도진희를 국회로 보냅시다!"라고 악을 쓰며 엄마 치맛자락을 잡고서 엄마가 5일장 장을 한바퀴 다 도실 때까지 장터를 돌며 외쳤다고 한다. 당시 어머니는 얼마나 난처하셨을까 생각하니 얼굴이 붉어진다. 못 말리는 고집은 문씨 고집을 그대로 타고 났다고 어머니는 자주 말씀하셨다. 가지고 싶은 것, 하고 싶은 것은 어떻게 졸라서라도 꼭 획득하고 마는 근성은 어릴 적부터 시작되어 키가 자라고 나이를 먹어가며 고집도 자라 이제는 나의 단점이자 장점으로 고착되었다.

5남 1녀의 막내로 태어난 나는 부모님으로부터 애지중지 특별한 사랑을 받으며 자랐다. 어린 나는 형들의 과오를 직설적으로 지적하는 나의 입으로 인해 형누나로 부모님의 꾸중을 듣게 하였다. 마치 성경 속의 요셉처럼 행동했지만 감사하게도 형이나 누나로부터 미움은 받지 않고 자랐다. 그래서인지 나는 나의 기준으로 사람들을 판단하는 예리한 칼을 차고 다니게 되었다. 이 긴 칼을 아직까지도 차고 다니지만 이제는 전처럼 뽑아 무언가를 베지는 않는다. 남을 베지 않고 사는 것이 감사하지만 나를 베지도 않는 것은 아쉽다.

모처럼 스스로를 살펴보며 '나는 누구인가?'를 생각해보는 참에 나의 뇌리에 남는 몇 가지 특징적 단어가 떠오른다.

'산자락에서 날아오른 억세게 복 받은 송골매! 꿈이 비전으로 바뀌는 바람에 하늘의 복을 누리고 사는 자! 하고싶은 건 못 참는 안달 맨! 긴 칼을 차고도 스스로를 베지 못하는 자만심! 늘 젊다고 착각하고 사는 늙은 청년!'

가야산 자락에서 날아오른 송골매가 비둘기같이 부드러운 품성으로 다듬어져, 인도네시아 센트럴 자바 산악지대에 내려앉아 어린 산새들에게 꿈을 먹여 양육하였던 행복한 긴 세월, 이 모두는 꿈을 비전으로 바꾸어 주신 하나님의 특별한 은혜가 있었기에 가능하였다. 할렐루야!

김혜진 선교사

불공평한 거 맞네!

선교사들이 사역지를 선택할 때 접근하기 덜 어려운 곳을 우선적으로 가다 보니 가장 복음이 들어가기 어려운 이슬람권 사람들은 복음을 들을 기회를 얻기 어려웠다는 말을 처음 들었을 때 충격을 받았다. 그들의 입장에서 생각해 보면 크게 불공평한 일이기에 마음이 아팠다. 앞으로 선교사가 될 사람들은 우선적으로 이슬람권으로 가야하겠구나 생각했다.

선교사 훈련을 받는 동안 어느 나라로 가야 할 지 질문을 받을 때 내 답은 정해져 있었다. 더 생각하고 말 것도 없이 나는 이슬람권의 한 나라로 들어갔다. 하나님의 강력한 인도하심을 느낀 첫

날부터 오늘까지 나는 하나님 나라를 위해 엄청난 불공평을 타파하고 있다고 확신한다.

지루하다고?

나는 두 곳의 과학연구소에서 거의 비슷한 실험을 거듭하며 12년을 근무했다. 여동생에 의하면 나는 지극히 따분한 일을 하는 사람이다. 비슷해 보이는 일을 매일 하면서도 항상 재미가 있던 나는 내 직업에 만족했다. 연구 방법은 동일하지만 매번 다른 결과를 내는, 눈에 보이지 않지만 존재하는 그 세계에 나는 환호했다.

선교사가 하는 영적인 일도 성격이 비슷하다. 사람의 마음에 복음의 씨앗을 뿌려도 진정 싹이 텄는지 잘 알 수 없다. 그럴 듯한 겉모습이 있어도 내면의 변화는 잘 보이지 않아 낙망을 거듭하지만 나는 여러 방법으로 끊임없이 같은 씨를 뿌린다. 연구실에서 오랜 실험 끝에 성공적인 결과를 이끌어 내듯, 영적 마음 밭에 싹이 튼 영혼을 발견할 때도 모든 고생을 잊어버리게 하는 기쁨이 있다.

나는 오늘도 내일도 동일해 보이는 일을 계속 한다. 미세한 수십 가지 씨앗이 눈에 보이지 않는 곳에서 싹이 트고 자라나는 것을 믿기에 결코 낙심하지 않는다. 어느 날 눈에 보이게 될 그 미세

한 변화를 놓치지 않기 위해 집중 또 집중하여 씨앗을 뿌리는 도전을 계속 한다.

나를 이렇게 창조하신 하나님께 감사드린다.

방콕보다는 이스탄불이지!

어렸을 때부터 나는 책을 읽고 있으면 주위에 무슨 일이 일어나는지 아무것도 들리지 않았다. 그 세상에 푹 빠져서 온갖 상상력을 동원하는 재미에 배도 고프지 않았다.

청소년이 된 후 나는 버스나 기차를 타고 여행을 할 때 멀미를 하는 것을 알게 되었다. 시간이 지나 비행기를 타면서도 멀미는 계속되었으니 내게 여행은 결코 즐거움이 아니었다. 그 후에는 점점 가만히 집에 앉아 책으로 세계여행을 즐기는 것이 최상이라 여기게 되었다.

세월이 흘러 나도 자가용을 갖게 되었고 직접 운전을 할 때는 멀미를 하지 않는 것을 발견했다. 누군가 나에게 "너는 네가 운전하지 않는 탈것을 무서워하는 구나?"라고 했다. 그런 거야? 멀미로 인해 여행을 지극히 싫어하던 나도 선교사가 되고 보니 수시로 원치 않는 이동을 해야 했고 내 일상은 상당히 고통스러웠다. 수년이 지난 어느 날 나는 문득 내가 평생 멀미를 했던 것은 아님을 기억해 내었다. 나도 멀미를 하지 않던 시절이 있었음을 깨달았다.

　내가 일종의 두려움에 묶인 것이라면 내려 놓을 수 있게 도우심을 구하는 기도를 드렸다. 그리고 나는 하나님의 능력에 의지하여 그 두려움의 사슬을 내려 놓기로 결단했다. 내가 스스로를 묶었다면 또한 스스로 풀 수 있음도 경험적으로 배웠다. 내 삶의 가장 큰 방해꾼이 바로 나 자신임을 깨우치며 하나님께서 주시는 엄청난 자유함의 비밀을 맛볼 수 있었다. 그 후 나는 온 세계를 아주 잘도 돌아다닌다. 세상에는 정말 방콕만 있는 것이 아니었다.

현숙아, 놀자!

남 보기에 따분한 일도 내가 재미 있으면 그만이다. 나를 관찰하던 어떤 어른은 "넌 어쩌면 그렇게 공부하는 걸 좋아하냐!" 고 해서 적잖게 놀란 적이 있다. 사람들이 일반적으로 이해하는 공부는 학교에 가서 학위를 따는 등의 행위다. 요즘 젊은이들은 스펙을 위해 수많은 것을 배우고 자격증을 딴다. 내가 좋아하는 공부는 자격증 취득을 겨냥한 점수 따기가 아니다. 나는 내 관심사에 집중할 뿐이다.

　오늘날 대부분의 전문가들이 인정하듯이 인간은 감정에 따라 움직인다. 우리가 어떤 일을 하는 것이 즐거우면 성공할 확률도 높아진다. 하나님이 내 안에 숨겨 두신 은사들은 대부분 내가 재미를 따라 가다가 발견했다.

　잠언에서 보는 현숙한 여인은 분명 그 많은 일들을 즐기면서 했을 것이다. 열심히 일하며 가족을 보살피고, 돈을 벌어들이는 일을 할 때 그 일이 하기 싫었다면 계속해낼 수 없었을 것이다. 그녀는 그 일을 위한 은사를 가졌기에, 그 일을 즐기고 또 성공했을 것이다.

　나는 오늘도 재미있는 일을 찾아내어 건전하게 즐기려 애쓰고 있다. 어느 날 큰 바위 얼굴 이야기의 주인공처럼 나도 현숙한 여인이 되어 있으면 좋겠다.

〈잠언 31장 30-21절〉

고운 것도 거짓되고 아름다운 것도 헛되나 오직 여호와를 경외하는 여자는 칭찬을 받을 것이라 그 손의 열매가 그에게 돌아갈 것이요 그 행한 일을 인하여 성문에서 칭찬을 받으리라

원로이스 선교사

산파할머니의 도움과 은혜로 태어나다

누구나 그렇듯 나도 하나님의 창조로 엄마의 배 안에서 잉태되었다. 당시 서울 영등포 시장에서 아버지를 도와 장사를 하셨던 만삭의 엄마는 갑작스런 배의 통증을 느꼈다고 했다. 급히 근처의 언덕 위로 올라가 장판이 깔려 있는 작은 방에서 나를 낳았는데, 그곳에 산파 할머님의 도움이 있었다고 했다. 엄마는 피가 낭자한 가운데 태를 자르는 산파 할머님의 손을 보셨다고 했다. 산파 할머님은 "내가 탯줄을 자른 아기는 총명하고 다 잘 살아~"라는 말을 하셨다고 했다. 내 생일날이 되면 엄마는 늘 그 산파 할머니와 그 때의 일을 말씀하시곤 하셨다. 그 당시 '얼마나 놀라고 고마운 마음이셨을까~' 가히 상상이 어렵다. 그 날, 배가 아프다며 출산하러 올라간다는 엄마의 소리에 아버지는 그 때의 심경을 말씀하시곤 했다. "갑자기 네 엄마가 배가 아프다며 올라가는데… 미역 사러 시장을 이리 갔다 저리 갔다 한참을 뛰어다녔어."라며 흥분되고 격양된 목소리로 그 당시의 상황을 들여다보듯 전해 주시곤 했다. 왠지 내게는 늘 들어도 참 쉽지 않는 나의 출산이야기가 언제나 질리지 않고 흥미로웠다. 이렇게 나는 둘째 딸로 갑작스럽게 예정보다 앞서 지지와 은혜를 입고 험한 세상으로 나왔다.

　시골에 친할아버지는 밥상 앞에 앉을 때마다 항상 내 이름을 먼저 부르시며 나를 챙기셨다고 한다. 내가 남동생을 보게 했다는 이유 때문이다. 볼이 한겨울에도 터질 듯 했다며 아버지는 '손을 갖다 볼에 대시며 볼을 부풀리는 모습'을 보여주시곤 했다. "볼이 이렇게 터지고 한겨울에 옷을 안 입고 다녀도 병치레 한 번 없었다."라고 하셨다. 실제로 그러했다. 갱년기 전까지는 병원에는 애를 출산하러 간 것이 전부인 것 같다. 당시 국민학교(지금의 초등학교)에 입학해서도 말썽은 커녕 교사들이 좋아하는 착한 여학생으로 부모님과 선생님들에게 까지 나무람 받은 적 없이 탈 없이 인정받으며 자랐다.

절친으로부터 세상의 쓴 맛을

'유아독존' 제 잘난 맛으로 사는 중 2학년 학급으로 올라와 같은 반에서 절친(切親)이 생겼다. 그 친구는 아시아 리틀엔젤레스에서 '선'이었다는 이야기를 들은 적이 있었다. '예쁘다'의 표현 이상으로 잘생긴 이목구비와 지성을 갖춘, 서구인처럼 뚜렷하고 자연스러운 쌍꺼풀의 시원스런 커다란 눈매와 긴 속눈썹, 동그마하고 높고 반듯한 콧대, 앵두 같은 입술. 반면 동양적인 정서를 풍기는 어깨를 지녔다. 친구의 키도 작지 않아서 당시 64명 중 키 번호 59번인 나와 같은 책상에 앉아 수업을 들었다. 적당히 큰 키로 생각되었는데, 교정에서 함께 다니면 늘 아이들과 선생님들의 관심과 주목이 친구에게 가는 것을 느낄 수 있었다. 이 친구의 부모님조차 인텔리이고, 친구는 나보다 우등생이었다. 그래서 나는 이 친구를 좋아하면서도 경쟁하듯 비교하며 사귀었던 것 같다.

이 시기가 나의 소중한 추억임은 말할 것도 없었다. 사춘기 시절의 문예생(文禮生)으로 평소 서로 주고받은 편지의 양만 해도 사과박스 정도는 족했다. 심지어 학년이 올라가 다른 학급이 되었지만 그 당시 실내화 점검을 피하기 위해 서로 실내화를 벗어 줄 정도로 막역 했었다. 그러나 지역 배정으로 고등학교를 서로 달리하여 연락을 못하고 서로 입시에 몰입하였고 결국, 친구는 명문대학으로 바로 입학하였고, 난 재수를 하며 함께 하는 시간을 갖기가 더욱 어려웠다. 그 이후 서로 환경이 달라 지금은 소식이 끊겼다. 지금 생각하니 착한 아이였던 것 같다. 불평이 없었다. 그 시절 나는 이제 막 주님을 영접하였고 이미 친구는 천주교 집안에 살고 있었다. 나는 그 친구가 어려울 때 위로해 준 기억이 없다. 늘 그 친구를 보면 친한 경쟁자로 인지했던 것 같다. 모든 것에 비교하는 질투의 싹이 자라 열등감으로의 자아가 생기게 된 듯 하다.

"아~하나님의 은혜로"

중년이 되니 책임이 무거웠다. 세 자녀를 둔 맏며느리로 남편과 함께 일을 하며 부모님과도 같이 주거하는 힘든 터널을 지나는 때가 있었다. 세월에 떠밀려 그 무게를 싣고 살아가는 내게 잠깐 방바닥에 앉아 기도하는데, 기도 속에서 나의 깊은 열등감을 대신 지니시고 나의 상처까지 대신 지신 예수님이 나타나 보이셨다. 심지어 내가 주님을 그다지 기뻐하지도 않는 모습이었던 것 같았다. 그 이후 "나에게 이런 모습이 있었나? 그래 있었구나……"하는 생각을 하며 평소 합리화의 방어막으로 스스로 잘하고 있었다고 생각하며 살고 있었음을 알게 되었다. 그 이후로도 내가 바뀌었다기 보다는 주님의 선하심과 그 은혜를 의지하며 받은 바 그 믿음을 지키려 했는데, 은혜를 맞는 시간을 주님께서 이끌어 가셨다.

　나를 나 되게 하시는 태초에 나를 만드신 주님은 나 자신을 비교하지 말라며 내가 귀함을 알려 주셨다. 내 이름을 부르시는, 나를 아시며 다가오시는 그 사랑에 울컥하였다. 나의 나 됨이 귀한 것임을 안 이후, 비로소 타인이 그 자체로 귀함을 안 것은 우연이 아니었다.

이영 선교사

나는 작업 중이다

내가 누구인가에 대해 말할 때, 나는 변하고 있다는 것을 말하고
싶다. 변하고 있는 내가 바로 나이기 때문이다. 내가 변하고 있다
는 것은 나는 완성품이 아닌 작업 중이라는 뜻이다. 지금도 완성
품을 행해 나아가고 있는 중이다. 성장하고 있는 것이다. 뭔가 좋
아지고 있다는 것이다. 현재 작업 중인 것은 무엇인가? 결과 중심
에서 과정 중심으로 생각이 바뀌었다. 결과가 중요하다고 생각했
는데 지금은 과정이 중요하다고 생각한다. 매 순간의 삶이 하나님
앞에서 사는 의미이기에 그 순간의 과정이 중요한 것이다. 사역을
중요하게 여기는 것에서 관계를 더 중요하게 여기게 되었다. 일보

다는 하나님과의 관계와 사람과의 관계를 더 중요하게 생각하고
있다.

특별 은총 중심의 삶에서 일반 은총의 중요성을 깨달아 가고
있다. 하나님께서 직접 계시해주시는 것만이 좋은 것이 아니라 간
접적으로 나타내시는 것들도 똑같이 좋은 것임을 깨달아가고 있
다. 마음이 고정되어 있었고 고집이 강한 성격에서 좀 더 열린 마
음과 융통성을 넓혀가고 있는 것도 변하는 것 중의 하나다.

시골에서 태어나 자라면서 도시로 가는 것을 조그만 목표로 살
았는데, 지금은 다시 시골로 가서 살고 싶은 마음으로 변하고 있
다. 은퇴를 하면 시골로 가서 하나님께서 지으신 자연에서 하나님
과의 교제 가운데 살고 싶다.

비판과 불평이 많았는데 지금은 그것들을 전보다는 좀 더 적게
하고자 노력하고 있다. 다른 사람이 말할 때 긍정적인 리엑션보다
는 부정적인 리엑션이 많았는데, 지금은 부정적인 리셉션이 많이
줄어들고 있다. "그러나", "하지만"이라는 단어로 다른 사람의 말
을 받았는데 지금은 "그렇구나"로 받고자 한다. 무엇을 해도 만족
함이 부족했는데 지금은 많은 것들에서 만족감을 느끼며 살고 있
다. 해야 하는 책임 때문에 긴장과 스트레스가 많았는데 지금은
해야 하는 일보다는 나의 존재에 집중하려고 하니 좀 더 편안한
마음을 갖게 된다.

나만 바라보고 살았는데 지금은 좀 더 타인의 입장을 헤아리려고 노력하며 살고 있다. 변하고 있는 나, 성장하고 있는 나, 전에 몰랐던 것을 깨달아가고 있는 나를 긍정적으로 바라보는 내가 되어 가고 있는 것이다. 그것을 감사로 생각하며 살고 있다. 나를 감사로 바라보며 사는 내가 바로 현재의 '나'이고 앞으로도 변해 갈 것을 기대하며 살고 있는 내가 '나'다.

나는 강사다?

신학교에서 공부를 하면서 한 교회만이 아니라 여러 교회를 다니면서 강의를 하는 강사가 되면 좋겠다는 꿈을 가진 적이 있다. 강의를 잘하는 교수님이나 세미나 강의를 잘하는 강사를 볼 때마다 나도 저렇게 강의를 잘하면 얼마나 좋을까 하는 생각, 즉 꿈을 꾸었다.

그러나 나는 타고난 말주변이 부족하다고 평소에 생각하였다. 나는 사람들 앞에서 말을 하는 것이 두려웠고 힘들었다. 그래서 가능한 한 말을 많이 하지 않았다. 그러던 중에 안식년으로 한국에 들어왔을 때 선교 본부에서 사역을 하게 되었다. 선교 본부에서 사역을 하다 보니 교회에서 선교에 대한 강의를 해 달라는 요청을 적지 않게 받게 되었다. 그때마다 강의를 열심히 준비했지만,

마음은 많이 떨리고 두려웠다. 진땀을 흘리며 강의를 마쳤을 때 나는 내 강의에 만족하지 못했다. 강의를 마치고 "이렇게 힘든 강의를 계속해야 하나?" 하는 생각을 할 때가 많았다. 강의는 내게 무엇보다도 무거운 짐이었다. 나의 은사에 맞지 않는 일이었다.

한편으로 내 마음에는 강의나 가르침을 잘하는 강사나 교수가 부러웠고 나도 그렇게 하면 좋겠다는 생각을 떨쳐버리지 못했다. 내 마음에는 강의를 잘하는 강사가 되는 것이 하나의 꿈이었지만, 현실은 강의를 하는 것에 대한 회의가 끊이지 않은 것이다. 그러나 어쩌랴! 선교지에서 철수하고 나서 한국에서 사역하면서 강의 요청은 더욱 많아졌다. 한 신학교에서 강사로 가르쳐달라는 요청도 있었다. 나는 그곳에서 3년 동안 전임 교수로 대학원생들을 가르쳤다. 그리고 선교 본부 사역을 마치고 한국교회 성도들에게 선교에 대해 가르치는 '선교 교육 연구원'을 설립하게 되었고 선교학교 강사로서의 일을 전적으로 하게 되었다. 자신이 없고 재능이 없으며, 힘든 일인 강사가 나의 직업(?)이 된 것이다.

그 후에 강의의 기회는 더 많아졌다. 한 교회나 한 학교에서 정기적으로 가르치는 강사가 아닌 매번 처음 만나는 사람들 앞에서 강의를 하는 강사가 된 것이다. 내 마음에 내재되어 있던 강사가 되는 것에 대한 꿈이 성취된 것이다. 그러면서 차츰 강의 기술도 늘어나는 것 같다. 물론 말하는 것에 대한 부족함은 계속해서 느끼고 있다.

내가 나의 강의를 잘한다는 평가, 강의를 잘하는 강사라고 말할 수는 없다. 그러나 나도 모르게 어느 날 나는 (전문) 강사가 되어 있었다. 나의 내면에 작은 꿈, 즉 부러웠던 강사가 된 것이다. 작은 꿈이 이루어졌다고나 할까! 그러나 진정으로 감사한 것은 나는 여전히 강의를 잘하는 프로 강사(?)가 아니라 강의를 잘하지 못한다고 스스로 생각하며, 그래서 떨리는 마음과 겸손한 마음으로 강의를 계속하고 있다는 것이다. 내가 잘나서가 아니라 하나님의 부르심에 따라 은혜로 강사를 하는 것에 감사한다.

나는 작가인가?

어렸을 때 누구나가 한 번쯤 시인이나 소설가가 되겠다는 꿈을 꾼 것처럼 나도 그런 꿈을 꾼 적이 있다. 그냥 낙서 비슷하게 종이에 시도 쓰고 수필도 썼다. 일기도 꾸준히 썼다. 그러나 시간이 지나 나이가 들어가면서 작가가 되겠다는 꿈은 나도 모르게 사라졌다. 현실적으로 나는 글 쓰는 재능을 타고나지 않았다는 것을 깨달았을 뿐 아니라 해야 할 다른 일들이 많았기 때문이다. 글 쓰는 타고난 재주가 별로 없다는 것은 내게 확실한 현실이요, 사실이었다.

나는 대학에서 신학 공부를 하면서 대학 3학년 때부터 교회에서 주일학교 학생들을 가르치는 교육 전도사로 일을 하였다. 말하는 것에 대한 자신감이 부족했고 완벽한(?) 성격 탓에 주일학교 설교를 준비할 때 설교 원문 전체를 기록하였다. 단 한 번의 설교도 요약하거나 제목 혹은 간단히 메모하는 것으로 준비하지 않았다. 모든 설교를 완전하게 글로 써서 준비하였다. 한 해를 마치는 어느 날, 주일학교 부장님이 내 설교를 책으로 냈으면 좋겠다는 제안을 하였다. 이미 원고가 완전하게 기록되었으니 교정을 봐서 책으로 내면 더 많은 사람에게 도움이 되겠다는 것이었다. 그러나 그런 제안을 실현하기에는 내 설교 내용이나 글의 문장에 자신이 없었다.

목사가 되어 주일학교뿐 아니라 장년을 위한 설교 등 더 많은 설교를 하게 되었는데, 계속해서 모든 설교를 글로 써서 준비를 했다. 선교사가 되어 선교지에 가서도 설교할 때 역시 설교 원고를 글로 적어서 준비하였다. 성경공부 교재도 내가 직접 만들었다. 설교나 성경공부 교재를 한글로 작성하고 스페인어로 번역하였다. 필리핀에 있을 때는 한글로 쓰고 영어로 번역하고 번역한 영어를 다시 시부아노로 번역하여 시부아노로 설교를 하기도 하였다.

에콰도르에 있을 때, 나는 시간이 날 때마다 선교 강의안을 만들었다. 사역하느라 바빴지만, 나의 성장, 즉 선교를 계속 공부하기 위해 사역에 직접 사용하지 않는 선교 강의안을 꾸준히 만들었다. 선교 강의안을 만든 것은 내가 안식년으로 한국에 나가게 되면 한국에서 선교를 가르칠 것을 예상하여 미리 준비하는 작업이기도 하였다. 후에 한국에 돌아와 선교단체(GMP) 본부에서 사역을 할 때, 선교에 대한 강의를 하는 기회를 많이 얻게 되었는데, 선교지에서 만들었던 선교 강의안을 유용하게 사용할 수 있었다. 나중에 그 강의안을 모아 4권의 책을 내기도 하였다.

내가 출판한 첫 책은 2009년 필리핀에 있을 때였다. 아내가 딸 대학 입시 문제로 한 달 동안 한국을 방문했을 때, 나는 필리핀에 혼자 남아 사역을 계속 하였다. 그때 여유 있는 시간이 많았다. 이때를 활용하여 그동안 정리하고자 했던 한국 선교에 대한 글을 썼다. 처음으로 쓴 원고를 한 출판사에 보냈는데, 감사하게도 책으로 내주겠다고 하였다. 출판사 사장님께서는 원고의 내용이 참 좋고 글도 잘 쓰인 글이라고 칭찬과 격려를 해 주셨다. 첫 번째 책을 내고 난 후에 한국으로 귀국하여 선교 본부 사역을 하느라 책을 내는 일은 잠시 중단되었다. 5년 정도의 본부 사역을 마치고 나서, 그동안 모아두었던 선교 강의안을 책으로 펴내는 작업을 하기 시작하였다. 그 후 거의 매년 한 권 정도의 책을 냈다. 지금까지 열권의 책을 냈는데 모두가 선교에 대한 책이다. 내 책을 읽는 사람들은 내게 위로와 용기를 얻을 수 있는 말을 많이 해 주었다. 내용도 좋고 글도 잘 쓰여 이해하기도 좋고 배우는 것이 많다는 피드백이었다. 다만 책은 많이 팔리지 않았다. 한국 독자들은 '선교'라는 글자가 들어가면 잘 사보지 않는다. 거기다 내가 유명인도 아니기에 책을 내지만 팔리는 책은 많지 않았다. 그러나 대학교수가 강의 교재를 만들 때, 많이 팔리기 위해서가 아니라 강의 시간에 학생들을 가르치기 위해서인 것처럼 나도 선교를 교육하는 교재로 만들었기에 판매량에는 별 신경을 쓰지 않는다.

나는 선교지에서 한국으로 돌아와 주중에는 선교부 본부에서 사역을 하고 주일에는 파송교회를 다니면서 성경공부반을 인도하였다. 신혼부부에서부터 아기들을 가진 젊은 부부들로 구성된 그룹의 성경 공부를 인도하였다. 그때 그들의 신앙생활을 돕기 위해 그들만을 위한 QT자료를 내가 직접 만들기 시작하였다. 내가 먼저 성경을 연구하고 묵상하여 그것을 정리하여 그들에게 맞는 QT를 SNS를 통해 제공한 것이다. QT 자료 안에는 단순히 성경(설명)만이 아니라 읽을 만한 짧은 묵상 글을 포함시켰다. 그 묵상 글을 써서 보내기 시작하면서 지금은 매일 글을 쓰는 것이 나의 일상이 되었다. 글을 쓰기 위해서는 묵상을 해야 하고, 책을 보아야 한다. 시간을 들여 글을 쓰는 작업이 쉬운 일은 아니지만, 성경공부반의 부부들을 위해 꾸준히 계속하였다. 이 QT 자료를 만들기 시작하여 2023년 지금은 9년째다. 주일만 빼고 거의 매일 하루에 한 편의 묵상(신앙) 글을 쓰고 있다. 이제 시간이 되는대로 이 글들을 정리하여 책으로 펴내고자 하는 마음도 있다. 아무리 바빠도 QT 자료를 만드는 일은 계속하고 있는 이유는 나 스스로 성경을 묵상할 뿐 아니라 글을 쓰면서 나의 영성을 유지하기 위해서다.

지금은 글을 쓰기 위해 묵상하고 글을 쓰는 시간이 내게는 하루 중에 가장 즐거운 시간이다. 글을 쓰기 위해 컴퓨터 자판을 두드리면 내 마음에 표현할 수 없는 평안과 희락이 몰려온다. 물론 글을 쓰는 것은 쉬운 일은 아니다. 한 줄의 글을 쓰기 위해 많은 생각을 하고 시간을 투자해야 하지만, 그러나 글을 쓸 때 나는 마음의 안정과 기쁨을 누린다. 누군가는 내게 재수 없다(?)고 할지 모르지만 나의 취미는 글쓰기다. 누군가는 취미생활로 그림을 그리고 등산을 하고 낚시를 한다. 그들의 취미처럼 나의 취미도 글을 쓰는 것이고 나에게 그 시간은 가장 행복한 시간이다. 아울러 책을 보기 위해 책을 손에 들고 책장을 넘길 때 나는 또 다른 행복감을 느낀다. 요즈음은 책보는 재미에 푹 빠져 있다.

책을 읽고 글을 쓰는 것은 나의 노후대책이기도 하다. 은퇴한 후에 노후에 무엇을 할 것인가? 나는 이미 죽을 때까지 계속 공부해야 할 분야와 써야 할 글의 방향을 가지고 있다. 독서와 글쓰기는 나의 노후대책이기도 하고 동시에 나의 취미생활이기도 하다. 또한 나의 사역이기도 하다. 은퇴하면 공식적인 사역에서 손을 떼야 한다. 그러나 글쓰기가 나의 사역이기에 나의 사역은 은퇴 후에도 계속되는 것이다.

글을 쓰는 것은 타고난 재능을 가지면 더 좋을 것은 당연하다. 그러나 글 쓰는 타고난 재주가 없다고 하더라도 쓸 수 있다고 믿는다. 나는 나를 보면서 그것을 증명(?)한다고 감히 말할 수 있다. 하나님께서는 누구에게나 어떤 영역에서 타고난 재능을 주시지만, 더 중요한 것은 후천적으로 노력해서 개발할 수 있는 것도 하나님께서 주신 재능이고 은혜라고 생각한다. 노력하고 개발해서 좋은 결과를 맺도록 하는 것은 어쩌면 타고난 재능보다 더 중요한 것일 수 있다. 사람들이 보통 말하는 것처럼 타고난 재능이 노력보다 앞서지 않는 것이다. 그런 면에서 선교사는 더욱더 글쓰기를 해야 한다고 생각한다. 선교사에게 글쓰기는 선택이 아니라 필수다. 글쓰기 없는 선교사는 상상할 수가 없다. 사역 보고서나 기도 편지를 쓰지 않는 선교사는 존재하지 않기 때문이다. 글은 글을 쓰는 자신에게 자기 계발과 성장에 도움이 될 뿐 아니라 다른 사람에게 읽혔을 때 좋은 영향력을 끼칠 수 있는 도구가 된다.

나는 "약함이 강함"이라는 성경 말씀의 뜻을 되새기게 된다. 내가 말을 잘하는 재능을 타고 났다면, 말솜씨로 가르쳤을 것이다. 그렇게 철저하게 글을 쓰며 준비하지는 않았을지도 모른다. 왜냐하면 잘할 수 있다고 생각했다면 아무래도 준비가 약하기 때문이다. 그러나 나는 스스로 생각하기를 말재주가 부족하다고 생각했기에 열심히 강의 원고를 준비했던 것이다. 그러다 보니 자신 없고 재능이 없다고 생각했던 글 쓰는 작가로서의 살고 있는 것이다.

그렇다. 약함이 강함이다. 약하다고 좌절하지 말아야 한다. 그 약함이 오히려 강함이 되기 때문이다. 약하다고 포기하지 말아야 한다. 반대로 강하다고 교만하지도 말아야 한다. 첫째가 말째가 되고, 말째가 첫째가 되는 원리와 높은 자리에 앉고 싶으면 낮은 자리에 앉으라는 원리 그리고 나중 된 자가 먼저 된다는 원리에 따라 약함에 대해 감사하고 그 약함으로 인해 또 다른 강함을 가질 수 있다는 소망을 가져본다. 약함을 이기기 위해 노력하고 책임을 다할 때 하나님은 그 책임을 다하는 노력 가운데 우리의 약함을 강하게 만드실 것이다.

이렇게 나는 글 쓰는 일을 즐겨한다. 어떤 분이 말씀했듯이, 책을 열 권을 냈으니 작가가 아니라 글을 매일 쓰고 있으니 작가인 것이다.

황보영 선교사

나의 진짜 모습은?

사람들이 나를 볼 때 느끼는 이미지는 편안함, 안정과 같은 단어다. 나는 새로움을 추구하는 성향이지만 보여지는 모습은 이와는 반대로 안정이라는 단어이다. 아마 추구하는 것과 실제 나의 모습에 괴리가 있는 것일 테다.

나는 목회자 자녀로 자라왔고 지금은 선교사다. 그러니 어쩌면 내 성향대로 살아오지 못한 것일 수도, 아니면 하나님의 은혜로 내가 잘 다듬어져 일 수도 있다. 어렸을 때는 내 맘대로 살지 못하고 사람들 눈치를 보는 삶이 싫었다. 뭐든지 잘해야 했고, 또 누구에게도 안 좋은 소리를 들어서는 안 됐다. 그런데 나중에는 점점 내가 하나님 말씀대로 변화되어 갈 수 있었던 환경에 감사할 수 있게 됐다.

내 안에는 여러 모습의 내가 있다. 나만 아는 모습, 사람들에게 보여지는 모습, 가족에게 보여지는 모습, 과거의 모습, 그리고 지금 나의 모습 등 수많은 모습이 있다. 그래서 내가 나를 정의할 때 어떨 때는 헷갈린다. 이렇기도 하고 저렇기도 하기 때문이다. 예를 들어 나는 외향적이기도 하고 또 내향적이기도 하다. 하나님을 믿으면서 모든 성향이 중간쯤으로 변한 거 같다. 그러나 그런 모든 모습이 다 나인 것을 안다. 나는 이런 나의 모습을 좋아한다. 아직도 많이 부족한 모습이 많지만 계속 하나님 안에서 성장해 나가면 된다고 생각한다.

난 너를 지지해!

결혼하기 전까지 평범한 삶을 살았다. 한국 문화 안에서 가야 하는 길을 차근히 밟으며 살았다. 교회 안에서도 학교에서도 특별히 엇나가지 않고 모범적으로 생활했다. 어렸을 적에는 놀기를 좋아했고, 학교 다니기 시작해서는 점차 사회가 요구하는 모습으로 다듬어져 소위 모범생 같은 삶을 살았다. 말씀을 들으면 그 말씀을 적용하고자 했고 그러다 보니 점점 나는 내 본성과 다르게 얌전해져 갔다.

따라서 내 안엔 항상 뭔가 두 개가 갈등한다는 생각이 들었다.

어렸을 때 여자아이임에도 불구하고 쥐를 잡으러 다닌다고 했던 말괄량이의 나와 사회적, 신앙적으로 다듬어진 나의 괴리감 때문이다. 내 안엔 끓어오르는 열정과 차분함이 공존했다. 그땐 열정을 추구하는 삶이 뭔가 신앙에 맞지 않는 듯했다. 그래서 그런 열정을 버리고 은은하게 따뜻한 감동을 주는 완전히 신앙적인 모습의 삶을 선택해야 하나 고민을 많이 했었다.

만약 내가 하나님을 알지 못했다면 내 본성 대로 살아서 지금의 모습과는 완전히 달랐을 거라는 생각을 많이 한다. 지금은 모든 것이 하나님의 은혜이고, 열정은 나쁘지 않으며, 균형 있게 조화된 삶이 더 멋지다는 사실을 안다. 나의 잃어버린 열정을 되찾고 싶다.

아빠는 나를 많이 지지하셨다. 내가 어려서부터 말을 조리 있게 잘했고, 아빠는 나를 믿어 주셨다. 그래서 어떤 결정을 하든지 동의해 주셨다. 물론 엄마 역시 나를 많이 지지해 주셨지만, 속 이야기를 잘 안 하시는 아빠가 은근히 보여주는 이런 지지가 내게 더 큰 힘이 되었다.

초보 아내 초보 엄마

결혼하고 중국에서의 삶이 시작됐다. 이전과는 전혀 다른 삶이었다. 결혼 전까진 내 중심적으로 살아가는 삶이었고 모든 선택의 중심엔 내가 있었다. 그리고 전까진 풍족한 교회 문화 속에서 떠먹여 주는 신앙생활을 했었다. 물론 교회 봉사도 많이 하고 모든 공예배를 다 다니며 누구보다도 열심히 신앙생활을 했지만, 너무 풍족하기에 또 뭔가 부족했던 시간이기도 했다.

결혼하고 나서 그런 전형적인 삶에서 벗어나 떨어져 지내고 보니 나의 부족함을 객관적으로 볼 수 있었다. 부족한 예배 속에서 내가 스스로 하나님을 만나는 시간이 얼마나 필요한지, 이런 비움의 시간이 얼마나 중요한지 알게 되었다.

요리도 본격적으로 처음으로 해보고 살림도 처음하고 새로 하는 일이 하나하나 늘어났다. 아기도 처음으로 낳고 혼자서 키우게 됐다. 나는 이때가 셋째 아이를 낳고 키울 때보다 더 힘들었다. 내 중심적이었던 삶에서 아기 중심으로 사는 삶으로의 전환이 정말 버거웠다. 그 힘듦의 원인을 깊이 묵상하면서 그 원인이 나에게 있음을 깨닫게 됐다. 내 중심적으로 살던 삶에서 처음으로 타인을 위한 삶을 살려니 그게 너무 어려웠던 것이다. 이때 나는 내가 그동안 얼마나 내 중심적으로 살았는지를 알게 되었다. 아기를 키우며 무엇이 '섬김'인지를 지식이 아닌 체험으로 경험할 수 있었다. 그런 가치를 깨달으며 점차 감사하고 즐길 수 있게 되었다.

김혜진 선교사

은혜와 진리

내가 태어나자 아버지는 내게 '은혜와 진리'에서 따와 혜진이라는 이름을 지어 주었다. 한국에 기독교인이 많아 지면서 차츰 흔한 이름이 되었지만 내가 학교를 다니던 시절에는 아주 드문 이름이 었다. 2년 후에 여동생이 태어났고 그녀에게는 혜경이라는 이름 이 주어졌다.

시간이 흐른 후 우리에게 주어진 이름이 각자의 성격과 은사에 꼭 맞아 떨어진다는 사실을 깨닫고 경이로웠다. 나는 항상 진리 를 추구하는 사람이고, 여동생은 옥구슬처럼 아름답고 영롱한 예 술적 재능을 지니고 있다. 아버지는 막 태어난 신생아에게 어떻게 성격과 은사에 적절한 이름을 지어준 것일까?

주권자 하나님의 놀라운 섭리의 역사는 내 인생 전반에 끊임 없이 신비함으로 드러난다.

아가

나는 맏이로 태어났고 아래로 여동생과 남동생이 있다. 어렸을 때는 엄마의 양 손을 차지하는 동생들이 부러웠다. 나도 엄마를 항상 차지할 수 있는 아기이고 싶었고, 언제나 엄마의 팔에 안기고 싶었다. 가끔 내가 아프면 몸은 힘들어도 마음은 행복했다. 그 때만은 엄마가 나를 품에 안고 토닥여 주었기 때문이다. 나는 지금도 엄마의 스킨십을 유난히 좋아한다. 하지만 자리가 사람을 만든다고 했던가. 나는 자의 반 타의 반 큰딸의 역할을 익혀야 했다.

엄마는 내가 기억하는 동안 평생 직장 생활을 했다. 당시에는 아주 드문 일이었지만 우리 3남매에게는 당연한 일이었고, 나는 엄마 대신 동생들 돌보는 임무를 자연스럽게 맡았다. 전형적인 리더 스타일의 여동생과, 강한 캐릭터를 소유하고 있는 남동생도 집안 일을 결정할 때는 언니와 누나인 나의 기획과 지도력을 존중한다.

나는 내가 소심한 편이고 지도력이 부족하다고 생각했는데 선교지에서 일 처리를 하면서, 내게 문제 해결을 해 내는 리더십이 있다는 사실을 발견했다. 동생들을 돌보던 시절부터 나를 쓰시기 위한 하나님의 안배는 일찌감치 진행되었던 것 같다.

오래전부터 엄마는 나를 "아가…!" 하고 부르신다. 얼마나 듣기 좋은 호칭인가? 엄마의 아가이고 싶었던 나의 어린 시절 소원은 사실상 오래 전에 이루어 졌다.

피할 수 없으면 즐겨라!

엄마가 독일에 간호사로 가게 되었고, 우리 가족은 이민을 떠났다. 부모님은 70년대 우리나라 보다 절대적으로 선진국이었던 독일에서 자녀들을 교육시켜 보자는 야무진 꿈을 실행한 것이었지만, 청소년 시기에 언어도 모르는 곳으로 이끌려 간 우리 3남매에게는 고생스러운 도전의 날들이 기다리고 있었다.

그 이후의 수많은 좌충우돌을 어찌 다 설명할 수 있을까!

우리는 한 집에서 살았지만 독일 사회에 적응하는 일에 있어서는 각자도생(各自圖生) 밖에 없었다. 학교와 직장을 거치는 동안 우리 가족은 각자 자기 몫의 어려움을 극복하며 살아 남아야 했다.

당시 유일하게 한국어를 쓸 수 있었던 한인교회에서도 어려움은 있었다. 주일학교에는 청소년 시기에 독일에 온 1.5세 청소년들과 독일에서 태어난 2세들이 함께 예배를 드리고 있었다. 한국어를 할 수 있는 아이들과 전혀 모르는 아이들이 뒤 섞여 있어서 선생님들도 학생들도 힘들어 하고 있었다. 나는 교사로 임명되어 바벨탑의 혼란을 겪는 중고등부를 맡았다.

서서히 독일어를 제법 구사하게 된 나는 아이들과 소통하기 위해 어렵지만 독일어 설교를 시작했다. 아이들과 개인적으로 소통하기 위해 동생들도 동원했다. 청소년들은 우리 삼 남매보다 한참 어렸기에 우리는 단체로 형과 누나가 되어 유년부와 중고등부를 이끌었는데 우리의 팀워크은 상당히 유용했다.

몇 년의 시간이 흐른 후 나와 여동생은 선교사로 부르심을 받았고, 남동생도 직장을 따라 그들을 떠났다. 수십 년이 훌쩍 지난 후 중년이 된 당시의 제자들을 만나보니 그들의 자녀가 청소년이 되어 있었다. 나는 마치 타임머신을 타고 돌아온 듯 당시를 어제처럼 기억해주는 중년의 친구들과 재미있는 관계를 시작했다.

자녀 걱정을 하는 그 친구들을 보니, 또 한번 '피하기 보다는 즐길' 준비에 들어가는 나를 발견한다. 동생들도 당장 호출해야 할까보다.

안 맞아!

나에게는 조카가 딱 한 명 있다. 병원의 유리 벽 너머로 처음 녀석을 본 순간 나는 녀석에게 마음을 빼앗기고 말았다. 평생 독신 선교사로 살아 '이모'가 될 수 없었던 나와 여동생에게 고모가 될 기회를 허락한 녀석에게 우리는 무조건적인 사랑을 맹세하고 있었다.

녀석이 만 다섯 살 되었을 때, 지 엄마가 출장을 가게 되어 나와 여동생이 그를 맡아 주기로 했었다. 잠자러 가는 것을 무척이나 싫어하던 녀석은 여러가지 이유를 대며 시간을 끌곤 했는데 그날도 이미 합의한 9시가 넘어 밤 10시로 다가서는 중이었다. 여동생은 일이 있어서 아직 집에 오지 않았고, 나는 녀석을 재우기 위해 고전 중이었다.

그때 대문 여는 소리가 들렸다. 나는 녀석에게 다급한 목소리로,

"노아야, 빨리 자야 돼. 작은 고모가 와서 너 아직 안자는 걸 보면 우리 둘 다 호-온 난다!"

순간 휙 돌아 누운 녀석은 바로 조용해졌다. 혹시 자는 척만 하나 싶어 조심스럽게 들여다보니 고른 숨소리가 들렸다. 나는 순간 어이가 없었다. 그렇게 꼬물대고 온갖 핑계와 주문이 많던 녀석이 휙 돌아 누워 잠이 들다니…….

다음날 아침에 여동생은 출근을 했고 나와 둘이 남은 노아는 내게 짐짓 심각한 표정으로 입을 열었다.

"고모, 작은 고모한테 나 어제 늦게 잤다고 말하지 마요, 알겠죠?"

"음, 알았어!"

사실은 어제 밤에 이미 말하고 둘이서 킥킥 웃었는데 말이다.

순간 훅 들어오는 녀석.

"그런데, 고모가 큰고모 맞아? 왜 작은 고모를 무서워해? 덩치도 더 작고… 이상해!"

"그, 그게…무슨……?"

잠시 숨을 멈추고 생각하다가 몰래 엄청 웃었다.

이 나이 아이들은 몸의 크기로 누가 더 권위를 갖는지 셈한다고 들었다. 나는 여동생보다 날씬하고 키도 조금 작기 때문에 녀석이 볼 때 의문이 생길 만도 했다. 큰 고모라 말은 하는데 작은 고모보다 몸집이 작고, 또 동생을 겁내는 분위기까지? 녀석의 셈법으로는 분명 뭔가 수상했을 것이다. 이거 뭔가 안 맞아!

Anne!

처음 선교지로 떠날 때는 내 생애 단 한 영혼이라도 주께 인도할 수 있다면 나의 사명을 충분히 이루는 것이라 믿었다. 그래서 90년대에 '선교사의 무덤'이라 불리던 나라를 선택해서 떠날 때 나의 미래는 어둡기 짝이 없었다.

그런데…어느 날 내게 엄마라 부르는 사람들이 생겼다. 자녀를 낳아 키워 본 적이 없는 나는 엄마라는 호칭을 듣는 일이 무척이

나 어색했다. 작은 키에 흰머리 하나 없는 동양인에게, 체구가 크고 수염이 덥수룩한 청년이 사람들에게 나를 엄마라고 소개하니 어색하지 않겠는가! 곁에 있는 30대 여성도 나를 영적 엄마라고 소개한다. 그녀는 '영적' 이라는 단어를 앞에 붙여주어 그나마 덜 어색했다.

그렇다! 나에게 자녀들이 생겼다. 나를 Anne (안네! 튀르키예어로 '엄마') 라고 부르는 사람들이 여럿 생겼다.

나는 자랑스러운 Anne다!

원로이스 선교사

특별하지는 않지만 구하면 주어지는 지혜

나는 뭐 하나 특별히 잘하는 게 없는 것 같다. 그저 두루두루 하는 편이다. 하루하루 살아내는 데는 별 일 없어 보이지만, 무언가 특별히 선보일 만한 것을 말하려면 부족하다. 나에게 작지만 굳이 은혜를 표현하자면 지혜를 구하는 것이다. 지혜는 원래 내 것이 아니었는데, 어떤 상황 속에서 순간적으로 주님께 물어보는 것이 습관이 되어 생겼다. 말씀 속에 다윗이 한 것처럼 흉내를 냈었는데도 주님은 때마다 생각나게 하시고 실타래를 풀게 하셨다. 항상 현실을 인정하며 "주님 이럴 때 어떻게 해요?"라고 물으면 생각지 못한 주님의 지혜가 떠올라 모두를 행복케 하는 삶이 되곤 한다. 그래서 모든 것에 감사함이 넘침을 알 수 있었다. 때때로 남들이 조금은 놀라는 기색도 보이고, 나 역시도 간혹 떠오르는 지혜에 기쁨이 내 속에 차오르는 것을 느끼며, 다른 이에게도 권하여

주고 싶다.

사람 귀한 줄 안다

내가 귀한 줄 몰랐던 예전에는 나의 눈에 나보다 부족하다고 여기는 어린 지체들을 마음대로 판단하고 정죄하는 마음과 행동을 하였었다. 내가 부족한 '열등의식'에서 나온 처사였다.

어느 날 멍하니 지쳐있던 내게 버스 안에서 주님의 마음이 내게 들렸다. "네가 귀하다"는 말씀이 마음에 크게 울려왔다. 나의 의지와는 상관없이 치료가 되었는지, 이 후로 모든 생명을 귀히 여길 줄 아는 마음과 불쌍히 여기는 주님의 마음을 소유하게 되었다. 금식과 기도로 주님의 뜻을 구하였을 때의 일이다. 대학교 때 예수님이 누구신지 3일 금식기도 후 보게 된 예수님의 모습, 50년대 이빨 빠진 할머니처럼 볼품없는 저고리에 머리를 틀어 올려 환히 웃고 계시는 초라하고 볼품없는 그러나 선한 모습. 순간 보기에 초라하여 "악!" 하고 소리를 지를 뻔하였다. 이 후로 난 지나가는 가장 불쌍한 사람, 사회적으로 가장 낮은 사람이 내 눈에 스칠 때면, "이 사람이 주님이신가?" 하여 지나가면서도 되돌아보며 혹이나 그럴지도 몰라 없는 몇 푼 안 되는 동전이라도 주머니 속을 만지작거리는 습관이 생기게 되었다.

황보영 선교사

모든 사람에겐 좋은 면이 있어

"보영아, 너는 어떻게 재선이랑 친할 수 있어? 난 걔가 잘난 척하는 거 너무 싫던데."

"재선이가 원래 나쁜 애는 아니야. 그냥 그런 면이 있을 뿐이지 마음은 정말 착해. 나는 모든 사람에게 다 좋은 면도 안 좋은 면도 있을 뿐이라고 생각해. 너도 재선이의 좋은 점을 봐봐."

"그렇겠지?"

나의 가장 큰 장점은 친구들을 사귀면 그들의 좋은 면을 본다는 점이다. 모든 사람에겐 장단점이 있다고 생각했다. 그래서 나는 장점을 보려고 했고 따라서 자연스레 친구들에게 좋은 태도로 대했다. 좋은 점에 집중하면 정말 친구들이 너무 좋았다. 가는 것이 좋으면 오는 것이 좋을 수밖에 없듯이 그러면 그들 역시 특별히 나에게 잘 대해줬다. 이런 좋은 경험이 쌓여서 나는 계속 만나는 사람들의 장점을 보는 좋은 습관을 유지할 수 있었다. 이렇기에 내 주변엔 좋은 사람이 많다.

장점만 있는 사람이 없듯이 단점만 있는 사람도 없다. 어떤 부분이 특별히 부각이 될 때 조그마한 단점이 크게 보이게 된다. 단점만 있을 거 같더라도 그 사람의 좋은 점을 찾아보면 반드시 그만의 좋은 점을 발견할 수 있다. 나는 이 부분에 집중했다. 단점은 있다가도 없어지고, 또 성숙해 나감에 따라 그 단점이 다듬어져 도리어 그만의 장점이 되기도 한다.

물론 나쁜 사람들이 세상에 많은 걸 안다. 다행히 아직까지 그렇게 나쁜 사람들을 만나지 못해 나의 이런 관점이 계속 유지되었을 수 있다. '모든 사람이 서로 다른 사람들이 가진 그들만의 가치에 집중해 줘서 모두가 어릴 때부터 큰 상처 없이 자란다면, 우리 모두 좋은 사람들로 성장해 나가 이 세상이 더 아름다워지지 않을까'라는 즐거운 상상을 해본다.

박혜정 선교사

벙커가 주는 거짓 안정감

내가 지금 살고있는 알바니아는 전국에 흩뿌려져 있는 벙커로 유명하다. 엔베르 호자의 공산주의 독재 시절, 무엇을 그렇게 지키고 싶었을까? 경상남북도를 합쳐 놓은 작은 땅에 50만개로 추정되는 벙커를 만들기 위해 1976년부터 1989년 사이의 전국의 콘크리트 공장들은 24시간 내내 멈추지 않고 가동되었다고 한다. 서구 세력으로부터 공산주의 체제를 지키기 위해, 허위 공습 경보를 내려가면서 벙커를 만들었다고 한다. 여기 저기 알바니아 곳곳 사람 사는 마을 깊숙이까지 자리잡고 있는 벙커를 볼 때마다 아직도 공산주의 그 암울했던 시절의 그림자가 드리워져 있는 듯 하다. 누군가는 어떤 세력도 이 땅에 들이지 않겠다는 철벽 방어의 벙커가 두려움과 전쟁의 공포로부터 알바니아 사람들을 지켜줄 수 있을 거라고 믿었다.

현재를 살아가는 알바니아 사람들은 더 이상 그 어느 세력도 두려워하지 않는다. 이제 그들은 아픈 역사의 일부분이었던 벙커를 끌어안았다. 두려워하거나 철거하지 않고, 그 존재를 인정하며 살아간다. 이제는 자신의 삶의 일부로, 삶의 역사의 한 부분으로 받아들였다. 방치되어 흉물처럼 보이는 벙커들에 색을 입히고, 웃는 얼굴의 이모티콘처럼 새롭게 모양을 입히기도 하면서 변화를 꿈꾸고 있다. 벙커는 더 이상 공산주의의 잔재와 고통이 아니라 딛고 나아갈 새로운 희망으로 오랜 시간 감추어져 있던 자신을 드러내어 더 높이 뻗어나가기 원하고 있다.

작은 벙커 짓기

분홍색 벙커 하나가 내 오른쪽 엄지 손가락 위에 지어져 있다. 사람들은 그런 내 엄지 손가락을 보면 깜짝 놀라며 묻는다. 무슨 일 있으셨어요? 화상이라도 당한 거예요? 예전엔 너무 창피해서 "어릴 때 학교에 있는 난로에 데었어요."라고 둘러댄 적도 있었다. 하얀 거짓말은 괜찮다고 생각했다. 그런데 그렇게 둘러댄 작은 말은 또 다른 거짓말을 낳게 되었고, 듣는 사람의 안타까움을 유발해 내기 위해 점점 더 그럴듯한 말을 꾸며내야 되는 것을 경험했다. 하얀 거짓말이든 새빨간 거짓말이든 거짓말은 거짓말이라고 못 박은 후부터는 있는 그대로 얘기했는데, 그냥 나의 나쁜 버릇이다. 굳은살 뜯는 버릇.

학창 시절의 나는 사람들 앞에 나가서 발표든 노래든 뭐든 거리낌 없이 했다. 한 명 아무나 대표로 노래라도 한 곡 불러 수업 시간을 줄일 수만 있으면 그것만으로도 즐거웠던 시절이었다. 그런 시간에 나는 꼭 앞에 나가서 노래를 불렀는데, 그냥 노래만 부르면 밋밋하니까 칠판을 내 손으로 드르르륵, 드르르륵, 두드리며 반주를 만들었다. 그렇게 딱딱한 칠판에 연약한 피부를 반복해서 부딪히다 보니 작은 굳은살이 배겼다. 그렇게 작은 벙커 하나가 내 엄지 손가락 위에 지어졌다.

두려움으로부터 도망쳐

작은 벙커 하나가 생기니 자꾸 그곳으로 도망치고 싶어졌다. 진지한 이야기를 들어야 할 때나, 다른 사람들에게로부터 나에 대한 평가를 들어야 할 때나, 어려운 문제를 풀어야 될 때, 나는 작은 굳은살을 뜯기 시작했다. '진지함'을 외면하고 싶었는지도 모른다. 심각해지고 싶지 않았던 것 같다. '나' 자체가 심각이고 예민 덩어리이다 보니 외부로부터 오는 문제들에 대해서는 모르는 척 하고 싶었다. 살을 뜯으면 고민이나 슬픔, 어려움, 실패, 그런 부정적인 감정들의 색이 희미해 졌다. 다른 이들의 어려움도 손을 뜯으면서 들으면 내 안에 깊이 자리잡지 못했다. 언제든지 스위치를 끌 수 있었다. 별거 아닌 것으로 넘길 수 있는 가벼움이 더해지니 좋았다. 그래서 계속 손을 뜯었다. 뜯다 보면 피도 났다. 상처는 따갑고 아팠다. 벙커는 계속 커졌다. 처음엔 작은 여드름 크기 정도였다면 지금은 백 원짜리 동전 만하다.

누구든지 자신만의 벙커는 존재했다

매주 일요일은 손발톱 깎는 날이다. 둘째의 손톱을 깎아주려고 아이 손을 잡았는데 아이가 손을 슬쩍 뺀다. 빨래 집게 놓고 A도 모르는 채로 알바니아에 온 둘째는 학교에서 이렇게 빨리 언어를 잘하는 사례가 없었다면서 칭찬을 많이 받았다. 처음에 학교에 갔을 때는 아침이 오는게 두려워 밤에 자고 싶지가 않다고 울기도 했었지만 나름 신앙 안에서 잘 견뎌내는 것 같았다. 감사의 제목을 고백하는 아이를 보면서 잘 적응했구나 마음이 놓였다. 그런데 어느 날부터인가 깎아줄 손톱이 없는 아이의 손 끝이 눈에 들어왔다. 손톱 깎기로 깎아줄 손톱이 하나도 남아있지 않은 아이의 손톱을 보면서 불안한 마음, 어려운 마음, 힘든 마음을 자신의 손톱을 자학하는 것으로 풀어내고 있었구나 하는 생각이 드니 마음이 저리고 아렸다.

엄마 손가락에는 벙커가 올라와있고, 아들은 깎아낼 손톱이 없다. 우리 둘 다 많이 아픈 사람들이었다. 사람들한테 드러내지 않으려고 그냥 자기 자신을 이렇게 아프게 했구나. 다른 사람에게 풀어내는 대신에 나 자신을 갉아먹는 것을 택했구나. 부모는 자식의 거울이라고 했는데, 엄마가 안 좋은 모습을 보이면서 아이에게 너는 잘 하라고 말 하려고 하니 쉽게 말이 나오지 않았다. 아이에게 엄마도 굳은살 뜯는 버릇을 고칠 테니 너도 손톱 뜯는 버릇을 고쳐보자고 어렵게 타일렀다.

벙커에서 나오려면

나나 아들이나 나쁜 버릇, 고쳐야 되는 버릇으로 이미 둘 다 잘 알고 있다. 그런데 다짐만으로 해결되지 않았다. 주님께 기도 드려도 잘 고쳐지지가 않았다. 좋게 타일렀지만 이내 큰 소리가 오고 간다. 아이에게는 다음 주까지 손톱이 자라 있지 않으면 빨간 매니큐어를 발라주겠다고 별렀고, 내 엄지 손가락에는 애꿎게 대일밴드를 붙여본다. 하지만 잘 되지 않는다. 또 뜯는다.

믿음으로만 해결 될 것도 아니고, 의지로만 해결될 것도 아니었다. 고쳐보려고 많이 노력했는데 잘 안 됐다. 문제에서 회피하기 위해서 어떤 행동을 만들었고, 그것을 반복했다. 그런데 그게 건설적이고 좋은 방향이 아니라 나쁜 성질을 갖고 있다. 나쁜 말을 한 번 두 번 하면 입에 붙어서 떨어지기 어려워지는 것처럼 안 좋은 버릇이 되어 몸에 붙어 버렸다. 이제는 힘듦으로의 회피에 대한 문제가 아니라 그저 고쳐야 되는 버릇이 되었다. 아이는 교실에서만이 아니라 아무 생각 없이 TV를 볼 때도 손톱을 뜯는다. 나도 그렇다. 날씨가 건조해서 굳은 살이 갈라질 때면 나도 아무 생각 없이 손을 뜯는다. 왜 이렇게 무의식적으로 행동하게 될까? 아무리 기도해도 왜 잘 안 고쳐질까? 엄마도 손을 뜯고 있으니 아들에게 할 말이 없다. 인이 배긴 내 뇌의 회로를 바꾸려면 어떻게 해야 할까?

제임스 클레어는 자신의 책 『아주 작은 습관의 힘(Atomic Habits)』에서 '습관 고리'에 대해서 설명하고 있다. 이 습관 고리는 굉장히 강해서 한 번 형성되면 웬만한 노력이나 의지로는 끊어낼 수 없다고 한다. 그의 연구에 의하면 습관 고리는 네 개의 단계를 거쳐서 형성된다.

첫 번째는 무의식에게 자동 모드로 들어가라고 명령하는 신호 단계이다. 회피하고 싶은 감정, 순간을 마주하게 되면 굳은살을 뜯게 되는 행동을 하게 되고, 그렇게 하면 마음의 편안함을 얻게 되었다. 한 번 두 번 반복해서 이뤄진 행동으로 무언가 보상을 얻었을 경우 뇌는 그것을 기억한다. 뇌는 반복된 학습을 통해 배운 짧은 패턴을 무의식에게 바로 전달한다.

두 번째 단계는 손을 뜯는 습관 뒤에 가려진 욕구나 동기가 있다는 것이다. 손을 뜯음으로 채워지는 나의 욕구가 있다. 어려운 감정들이 만들어 내는 두려움으로부터 피하고 싶은 욕구가 있었다.

세 번째 단계는 무의식에게 신호가 왔을 때 습관적으로 학습된 대응이다. 회피하고 싶은 상황이라는 무의식이 왔을 때 나는 손을 뜯는다. 한 번, 두 번 반복하다 보니 감정에 따른 반응은 학습이 되어 손 뜯기로 진행되었다.

네 번째 단계는 '보상'으로, 그 행동을 했을 때, 도파민이 분출된다. 내가 손을 뜯었을 때 내 뇌의 도파민은 만족스럽게 질주했다. 인간행동 전문가 웬디 우드는 우리가 하루 중 하는 일의 43퍼센트를 아무 생각 없이 한다고 연구결과를 발표했다. 내가 손을 뜯는 것을 보면 정말 내 삶의 많은 부분을 무의식적으로 생각과 판단없이 의식의 흐름대로 흘러가도록 내버려 두는 경우가 많은 듯 하다.

나만의 벙커를 직면함으로

나의 무의식이 신호를 보내올 때, 이를 바로 알아차려야 한다. 그리고 신호와 버릇 사이에 작은 틈을 내줘야 한다. 손을 뜯고 싶은 신호가 왔을 때, 손을 엉덩이 밑에 깔아보든지, 핸드크림을 바른 다든지 그런 행동의 변화를 주는 것이다. 주의를 돌릴 수 있는 방법을 여러가지 고안해서 적용해야 한다. 이 때 나는 기도할 수 있다. 성령님께 내 모든 의식의 흐름까지도 인도해 주시기를 기도해야 한다. 그리고 나의 나쁜 습관을 고칠 수 있도록 함께 기도해 줄 수 있는 친구들에게 기도제목을 나누는 것도 필요하다. 나 자신의 문제를 공동체 적으로 내어놓을 때, 더 많은 관심과 사랑이 부어질 테니 부끄러워하지 말고 나눠야 된다.

알바니아 사람들에게 벙커가 이미 삶의 일부가 되어 버렸듯이, 나에게도 엄지 손가락의 굳은살은 내 삶의 3분의 2 이상의 시간을 함께 하고 있다. 사람들에게 드러내기 어려운 단점이고 버릇이지만 이제는 나의 연약함에 직면하고 고치고 싶다. 그동안 '엄지 손가락의 굳은살을 수술해 줄 수 있는 성형외과가 있을까', '엄지 손가락 때문에 나는 방송에 나가는 직업은 하면 안 되겠다', '결혼 사진에서 엄지 손가락이 나오면 안 되는데…'등 별의 별 생각을 하면서 살았다. 앞으로 10년 후쯤에는 엄지 손가락 위의 벙커가 해체되어 있기를, 나쁜 습관에서 해방되었기를 기대해본다.

🎵 나의 꿈

양성금 선교사

뜬 구름 잡듯…

어렸을 적 꿈을 꾼다는 것은 내게 너무 사치였다. 당시는 '난 할 수 있어!' 라고 하는 것 보다 '내가 과연 할 수 있을까?' 라는 의구심이 더 많이 들었기 때문이다. 꿈을 가져야 한다는 것을 처음으로 알게 된 것은 초등학교 수업을 통해서 였다. 담임 선생님께서 앞으로 무엇이 되고 싶은지를 물으시며 나중에 꿈을 이룬 자신의 모습을 그려오라고 과제를 내어 주셨다. 나는 며칠을 고민 고민하였다. 마지 못해 내가 그린 그림의 주인공은 바로 아이들을 가르치는 초등학교 선생님이었다. 그 당시 내가 만날 수 있었던 사람들 중 가장 멋있고 의미 있어 보이는 삶을 사시는 분이 선생님이었기 때문이다.

그리고 두 번째 꿈을 꾸게 된 때가 초등학교 5학년쯤이었을 것이다. 나는 몸이 허약해 병원을 가는 경우가 많았는데 병원에서 상냥하게 나를 도와주던 간호사 언니의 모습을 보면서 나도 커서 아픈 사람들을 도와주는 간호사가 되어야겠다는 꿈을 꾸게 되었다. 이후 나는 학창시절동안 여러 번의 꿈을 꿔 나갔다. 스튜어디스, 외교관, 사장님, 택시기사, 연예인 등… 청년이 되면서 많은 꿈들은 현실적인 장벽에 부딪혔다. 누가 뭐라하지 않아도 많은 꿈들을 스스로 서서히 내려놓게 되었다. 나는 어떤 사람이 되기 보다 무엇으로 돈을 벌어야 하나? 가 큰 과제가 되어 있었다. 그래서 나는 대학을 제일 취업이 잘 되는 경영학과에 입학하고 졸업 후 은행에서 근무하는 은행원이 되었다.

돈을 만지는 일이다 보니 정확함은 필수였다. 나의 성향과 잘 맞았다. 그런데 나는 일을 하면 할수록 돈에 대한 회의감이 들기 시작했다. 은행 업무로 몇 억을 만지는 나에게 한 달을 꼬박 일해봐야 그 당시 월급은 고작 100만원(만 원짜리 한 다발)이었다. 적지 않은 돈일 수 있지만 나에게는 그저 한 다발의 종이같이 여겨졌다. 월급을 받는 날이면 기쁨보다 마음이 공허함을 느끼고 하는 일에 대해서도 회의감이 들었다. 무엇이 문제인지 모른 체 뜬 구름 잡는 꿈과 더불어 만족함이 없는 나의 직업은 이후로 여러 번 바뀌고 또 바뀌었다.

나를 부르시는 음성 따라~

나의 삶의 여정에서 가장 큰 영향력과 변화를 받은 것은 바로 고등학교 2학년 여름방학 때 수련회를 통해 예수님을 인격적으로 만난 것이다. 물론 나는 모태신앙으로 커서 예수님을 모르지는 않았지만 예수님을 인격적으로 만난 이후부터 예수님을 나의 구주로 고백하던 그 날부터 지나온 나의 모든 삶을 다시 주님 안에서 재해석하고 앞으로의 삶을 다시 그려 나갈 수 있었다.

예수님을 만난 이후부터 나는 가족과 지인들이 보기에는 무모하고 대책 없이 느껴질 정도로 나의 계획을 내려놓고 성령님의 인도하심을 따라 살아가려 노력했다. 교회 활동은 나의 삶의 기본이 되었고 일명 열심당이 되어 신앙생활을 했다. 그러던 중 나는 내 인생의 포스터 한 장을 만났다. 중앙아시아의 초원을 배경으로 단기선교를 모집하는 포스터 광고였다. 단기선교기간은 2주간이고 비용은 무려 500만원이나 되었다. 직장을 다녀도 늘 빠듯한 생활을 하는 내게 그 재정은 쉽지 않았고 직장에서 아무리 휴가를 모아 쓴다 해도 2주간은 무리였다. 내 머리로는 도저히 해답을 찾을 수 없었다. 모집 마감이 다가올수록 내 마음은 조급함과 더불어 걷잡을 수 없이 간절해지기 시작했다. '내가 과연 직장을 내려놓고 그 곳에 갈 수 있을까?'

오직 내 자신의 의지를 내려놓고 주님의 음성을 듣기를 간절히 원했다. 나는 대구 근교에 있는 주암산 기도원으로 무작정 올라갔다. 모든 것을 내려놓고 2주간 금식을 하기로 결단했다. 내 생애 처음으로 하는 장기 금식이었다. 금식하는 동안 보잘것없는 내 자신을 발견하고 회개하며 주님을 찾고 또 찾았다. 울면서 그 분께 나아가고 그분의 음성에 마음과 귀를 기울였다. 그때 주님께서는 나에게 평안으로 화답해 주셨다. 그 분의 음성은 아주 부드럽고 온화하게 다가왔다. 나를 부르시는 음성이었다.

나는 모든 것을 내려놓고 오로지 그 분의 음성을 따라 카자흐스탄이라는 곳으로 단기선교를 가게 되었고 그곳에서 하나님의 계획 아래 하나님께서 보여주시는 세계를 보고 그 분의 역사를 마주하게 되었다. 가슴이 터질 것 같았다. 하나님께 감사와 찬양, 그리고 나의 마음을 올려드리는 사랑의 결단을 하게 되었다. 나를 부르시는 그 분의 음성 가운데 복음을 품은 선교사가 되어 주님의 일들을 감당하며 살겠다는 작은 꿈이 내 삶 가운데 들어오게 된 것이다. 그동안 많은 꿈들을 꾸었지만 정작 뜬 구름 잡듯 만족을 얻지 못하고 무엇을 위해 어떻게 살아가야 할지 모르던 내 삶이 다시 주님과 더불어 진지하게 꿈을 그려 나가는 고민을 더 깊이 하게 되었다.

그래서 나는 주님과 동행하는 선교사가 되고 싶었다. 여러 환경을 넘어, 부족한 믿음을 넘어, 우여곡절의 사연을 넘어 가장 값진 복음을 전하는 선교사로 살아가기 위해 나의 삶을 주님께 드리며 나의 꿈을 그 분께 맞추었다. 척박한 서부 아프리카 세네갈 땅에서 주님을 사랑하며 주님을 예배하며 주님을 전하는 자로서의 삶을 살아갈 수 있도록 주님께서는 또한 나를 부르셨다. 내게 사명을 허락하시며 하나님의 비전을 품은 자로 내일을 꿈꾸며 오늘을 기쁨으로 살아갈 수 있도록 내게 꿈을 허락하신 그 분께 감사를 드린다.

삶을 노래하는 사람

하나님께서 나를 어떻게 사용하실까? 라는 질문과 함께 앞으로의 나의 또 다른 꿈을 생각해 본다. 뚜렷이 떠오르는 것이 있지는 않다. 나는 그냥 내가 무엇을 하기 보다 그 분과 함께 동행하는 선교사의 삶이 만족스럽고 참 기쁘다. 그러함에도 불구하고 또 다른 꿈이 있냐고 물어본다면 나는 이렇게 대답하고 싶다. 주님과 동행하며 주님과 함께하는 아름다운 삶을 노래하는 사람이 되고 싶다. 그 분과 함께하는 삶의 한 부분 한 부분을 기쁨으로 써 내려가는 사람이 되고 싶다. 그래서 훗날 나의 노래와 나의 이야기를 통해 누군가가 예수님을 만나게 되고, 예수님을 구주로 모시게 되고, 예수님을 사랑하게 된다면 그것이 바로 나의 꿈이었다고 말하고 싶다.

김혜진 선교사

꿈은 이루어 진다

어린시절 책을 통해 상상의 나라를 돌아다니던 나는 만화나 동화 책에 자주 등장하는 요정이나 마녀가 사용하는 주술 용어가 참 신 기했다. 미지의 "@#*&%$" 주술을 나도 사용할 수 있다면 내가 원하는 놀랍고 멋진 세상을 경험할 수 있을 것 같아 상상의 나래 를 펼쳐보곤 했다.

내가 어렸을 때 엄마와 아빠는 나와 동생들이 알아듣지 못하는 언어로 비밀 소통을 했다. 가끔 일본어로 그들 만의 리그를 즐기 는 모습은 우리 삼 남매에게 난공불락이요 불공평한 전쟁이었다. 나는 그 내용은 차치하고 비밀 주술 같은 그 언어 자체에 관심이 있었다. 어린 우리들은 참다 못해 서로 모의하곤 했다.

"나중에 우리도 애들이 못 알아듣는 언어를 배워서 비밀 대화를 하자, 흥, 칫, 뿅!"

이후 우리는 독일로 이민을 갔고 어렵게 적응하느라 어린 시절의 맹세 따위는 까마득하게 잊어버렸다. 지금은 달라지고 있지만 수십 년 전 유럽에 한국어를 알아듣는 서양 사람은 거의 없었기에 언제 어디서나 비밀 소통은 한국어로 간단히 해결됐다. 영어와 한국어를 다 잘 하는 내 조카가 몰라야 하는 일이 있거나, 지하철이나 카페에서 옆에 앉은 사람들이 우리 대화를 알아듣는 것이 불편하면 나와 여동생은 독일어를 사용한다. 물론 옆에 앉은 사람들이 우릴 어떻게 보는지는 알 수 없다.

"자기들 언어로 떠들고 있는 이 촌스러운 할머니들은 어느 나라에서 온 노동자일까? 저 나이에 한국말은 배웠을까?"

매년 독일에 가면, 거의 매일 어디선가 친숙한 튀르키예어가 들려온다. 본의 아니게 남의 비밀을 듣게 되어 미안하지만 결코 내 잘못이 아니다!

부모님은 내게 요술 지팡이를 들고 날아 다니는 요정의 삶을 선물해 주었다. 고맙습니다.

오늘도
삶의
노래를 쓴다

제 2 장

◆

내 인생의
핵심가치

안은향 선교사

사람은 모두 자신의 핵심 가치에 따라 행동하고 결정하는 삶을 살아간다. 나도 선교사로 살면서 내 마음에 품은 핵심 가치를 따라 살고 싶다는 소망이 있다. 그동안 머리 속에만 있던 내 삶의 핵심 가치를 끄집어내어 글로 정리하는 시간은 깊은 은혜가 있었다. 그러나 실제의 삶에서는 그 핵심 가치를 따라 살아내지 못할 때도 많기에 하나님의 도우심을 구하며 더욱 기도하게 된다.

핵심가치1 사람

사람은 악보다

내 삶에서 가장 소중한 것이 사람이다. 이 세상에 사는 그 어떤 사람도 '희(喜)' 와 '락(樂)' 만을 누리는 인생은 없을 것이다. 물론 내 인생도 '희로애락(喜怒哀樂)'이 늘 춤추고 있다. 나의 희로애락이 다른 이들도 함께 춤추게 하고, 다른 이의 희로애락도 나를 춤추게 하니 참 오묘한 인생이다.

하나님께서는 이 세상에 태어난 모든 사람의 삶에 하나님께서 지휘하시는 멋진 악보를 담아 주셨다. 하나님은 밝고 신나는 악보의 그 싱싱한 콩나물 한 가닥, 한 가닥을 아름답다 하신다. 또한 축 늘어진 단조 악보의 콩나물 한 가닥, 한 가닥도 멋지고 아름답다 하시는 분이다.

전도서의 말씀처럼 모든 일에는 다 때가 있다. 울 때와 웃을 때, 허물 때와 세울 때 등 하나님은 모든 것이 제때에 알맞게 일어나도록 만드셨다. 높은 음과 낮은 음이 조화를 이룬 악보에서 더 예쁜 노래와 연주가 나오는 것이다. 하나님께서 제때에 알맞게 일어나도록 만드신 내 인생의 모든 음표는 하나님의 크신 계획하심이다. 그렇기에 내게 그려주신 악보를 지휘해 주실 하나님을 신뢰하며 하나님께서 허락하신 사람들과 함께 한 음, 한 음을 연주해보자. 끝 날에 하나님께서 분명 잘하였다고 안아 주시리라.

정신과 의사이자 지휘자인 '필리프 헤레베허'는 지휘에 있어 조화롭게 연주하고 악보대로 연주하는 것이 중요하지만 함의를 찾는 것이 가장 중요하다고 말했다. 그렇다. 하나님께서 아름답게 지휘하시는 내 악보에서 나는 하나님의 계획하심과 뜻을 보며 달려가면 되는 것이다. 무엇보다 이 땅에서 하나님께서 내게 주신 사람들이 축 늘어진 콩나물 한 가닥에 너무 힘들어하지 않도록 지휘자를 신뢰하도록 돕는 자가 되기를 소망한다. 더 나아가 악보의 함의를 찾는 일을 돕고 연주를 돕는 자가 되고 싶다. 하나님께서 만드셨고 지휘하시는 악보는 모두 가장 멋진 작품이기에 한 사람 한 사람을 더욱 격려하고 응원하는 삶이 되기를 기도한다.

핵심가치2 기쁨

기쁨은 샘물이다

나는 어릴 때부터 늘 웃는 사람이었다. 환경은 그러하지 않았는데 내 안에 기쁨이 많았던 것 같다. 그래서 만나는 사람에게 "웃는 인상이다. 인상이 좋다" 라는 얘기를 늘 들으며 살았다. 그런데 선교지에 와서 표정이 많이 어두워진 듯하다. 지금 거울을 봐도 내 얼굴이 활짝 웃는 인상은 아니다. 모든 상황에 웃고 기뻐하고 싶은데 말이다. 어느 순간부터 "웃자! 웃자!" 라고 스스로에게 외치고 있고, 웃는 이모티콘과 스티커를 좋아하게 되었다. 기쁨을 회복하고 싶어서다.

기쁨이 있어야 내 삶을 살아낼 수 있고 하나님께서 주신 사역들도 할 수 있다. 기쁨이 없는 삶과 사역은 무거운 짐이다. 하나님은 "주 안에서 항상 기뻐하라. 내가 다시 말하노니 기뻐하라 (빌 4:4)"고 내게 말씀하신다.

세상의 기쁨은 욕구가 충족되었을 때 가지는 감정이나 느낌이지만 그리스도인의 기쁨은 하나님께 기반을 둔 기쁨이다. 그러하기에 세상의 기쁨은 욕구가 충족되지 못했을 때는 사라지지만 하나님께 기반을 둔 기쁨은 사라지지 않는다. 나는 어릴 때 시골에서 살았기 때문에 산 속에 있는 '샘'을 많이 보았고 시원한 그 샘물도 많이 마셔봤다. 내가 사역하는 이곳에서도 '샘'을 볼 수가 있다. '샘'은 물이 저절로 땅속에서 솟아 나오는 곳이다. 욕구 충족과 상관없이 저절로 기쁨이 솟아날 수 있는가? 샘물이 솟아나는 '샘터' 이신 주님 안에 거할 때 기쁨이 저절로 솟아날 수 있다. 그렇기에 계속 솟아나는 기쁨의 근원인 주님 안에 거하는 시간을 더 많이 가지자.

기쁨은 삶에 참 많은 유익을 가져온다. 나를 짓누르는 무거운 일을 더 쉽게 할 수 있고, 지친 내 주위 사람들에게도 내가 가진 기쁨이 전염되어 그들도 기쁨을 누리게 되는 놀라운 일도 일어난다. 시편 기자는 주의 앞에는 기쁨이 충만하고 주의 앞에는 영원한 즐거움이 있다고 말한다. 그리고 성령의 9가지 열매 가운데 기쁨도 들어있다. 매일의 내 삶 속에 '주 안에서의 기쁨' 이 충만하기를 소망한다.

《내 영혼의 샴페인》의 마이크 메이슨은 알코올중독과 우울증에 빠져 치료를 받다가 90일간의 기쁨 실험을 한 후에 기쁨을 회복했다. 그 후에 자신의 경험을 토대로 "기쁨은 근육과 같아서 쓸수록 강해진다."라고 말한다. 그렇다. 내 인생 여정 가운데 기쁨은 그 무엇보다 중요한 것이기에 주 안에서 계속 기쁨을 누리자. 기쁨이 또 다른 기쁨을 낳도록. 그리고 내 기쁨이 주위 사람들을 평안케 했으면 좋겠다.

핵심가치3 섬김

섬김은 꽃병이다

세상에는 '베풂'(giving)을 잘하는 사람이 참 많다. 얼마 전 TV 프로그램을 통해 한 연예인이 오랫동안 정기적으로 한 보육원에 가서 아이들을 위한 추억을 만들어주고 베풂의 삶을 살아온 감동의 이야기를 들었다. 그렇게 자신을 내어주는 행위는 사랑이고 이것은 주로 의지의 결정과 선택에 의한 행위이다. 인기가 올라가고 바빠졌지만 멈추지 않고 베풂의 삶을 살아간 그의 결정과 선택에 칭찬을 보내고 싶다.

기독교에서는 주로 '섬김'(serving)이라는 단어를 많이 쓴다. '섬김'이란 헬라어로 '디아코니아'(Diakonia)라고 한다. 이 말은 식탁 앞에서 시중든다는 의미이다. 그리스도인의 섬김은 복음과 함께 가는 것이기 때문에 세상의 베풂과는 다르다고 할 수 있다.

나는 평생을 섬기는 자로 살아온 것 같다. 그래서 몇 해 전에 지인과 얘기하던 중에 나도 이제 좀 섬김을 받고 싶다고 넋두리를 늘어놓은 적도 있다. 어릴 때부터 남동생이 둘 있는 장녀로서 동생들을 챙겼고, 맞벌이 부모님을 위해 엄마는 하지 말라 하셨지만 퇴근하면 엄마가 편하셨으면 좋겠다는 생각에 늘 집 청소를 깨끗이 해 놓았다. 교회에서도 계속 리더로, 교사로 사람들을 돌보고 섬기는 자였다. 직장에서는 간호사로 늘 사람들을 섬기는 자였고, 선교단체 간사를 할 때에도 섬기는 자로 살아왔던 것 같다.

그리고 어느덧 시간이 흘러 선교지에 왔는데 언어 공부 기간에 단기 선교사 2명과 한 집에 살았고, 사역을 시작한 처음부터 지금까지 현지인 지체들과 함께 살면서 그들을 섬기고 있다. 현지인 아이들이 많을 때는 12명까지 있었던 적도 있다. 현지인 아이들과 함께 전쟁을 치르며 살면서 힘든 수고와 보람을 함께 경험하였다. 그리고 한국의 청년들이 와서 1년씩, 3개월씩 함께 산적도 많았다. 사역도 바쁘고 더운 날씨에 때마다 식사 준비를 하여 저들을 먹이는 게 쉽지는 않았다. 한 번은 어릴 때 부모님이 이혼한 가정에서 자란 청년이 선교지에 와서 함께 살았다. 이 청년이 커서는 엄마가 해주는 밥을 먹어본 적이 없었기 때문에 따뜻한 밥을 먹이고 싶은 마음으로 섬겼던 것 같다. 돌아보면 부족한 나를 섬기는 자로 써주신 하나님께 감사드리고, 섬김은 축복이라는 생각을 하게 된다.

'섬김'은 나만 희생하는 게 아니고 밑 빠진 독에 물 붓기도 절대 아니다. 나는 꽃을 좋아해서 부엌에 예쁜 꽃이 있는 꽃병이 있다. 며칠 전에도 1.5불에 소국 한 묶음을 사 와서 그 꽃병에 꽂았다. 매일 꽃병의 물을 갈아주고 떡잎을 정리하고 꽃병도 깨끗하게 닦는다. 그 수고는 잠시이지만 꽃병의 예쁜 꽃은 종일 나를 기분 좋게 하고 꽃의 향기는 내가 누리는 기쁨이다. '섬김'은 분명 수고로움이 있고 나를 희생해야 하지만 그 수고로움 뒤에 누리는 기쁨과 감사도 참 크다.

전에는 나는 늘 '섬기는 자'라고 생각했다. 그런데 지금은 나도 참 많은 '섬김을 받은 자'임을 깨닫게 되고 섬김 받았던 일들이 하나 둘씩 떠오른다. 특별히 이제는 선교지에서 현지인 지체들로부터 많은 섬김을 받고 있다. 작년에 안식월로 한국에 갈 때 비행기 티켓 값을 보태준 사역자, 가난하지만 자신이 쓸 것을 아껴서 여비로 쓰라고 용돈을 모아서 손에 쥐여 준 성도 가정들, 캄보디아에서는 여자들이 금으로 치장하는 것을 좋아하는데 선교사님은 금이 없다고 금반지, 목걸이를 선물로 준 지체들, 박카스를 좋아하는 남편을 위해 매 주일 박카스를 사오는 성도들이 기쁨이다. 그 무엇보다도 선교사님이 여기에 와서 복음을 전해주고 섬겨줘서 감사하다고 말로 표현해주고 기도해주는 성도들이 있어서 참 감사하다. 이렇듯 나는 꽃병을 손질하는 작은 수고를 했을 뿐인데 예쁜 꽃을 누리고 꽃 향기를 맡고 있다.

예수님은 첫째가 되려고 하지 말고 섬기는 자가 되라고 하시고, 예수님 자신도 섬김을 받으러 온 것이 아니라 섬기러 왔다고 말씀하신다.

인자의 온 것은 섬김을 받으려 함이 아니라 도리어 섬기려 하고 자기 목숨을 많은 사람의 대속물로 주려 함이니라 (막10:45)

예수님의 마음을 가진 사람들은 섬김이 얼마나 귀하고 하나님을 기쁘시게 하는 일인지를 안다. 내 마음이 예수님의 마음을 닮았으면 좋겠다. 오늘도 하나님께서 내게 섬기라고 주신 한 영혼을 품고 섬기는 날이 되기를 기도한다. 나의 작은 섬김으로 한 영혼이 예수님을 만난다면 그것이 가장 큰 축복일 것이다.

어쩌면 꽃병을 손질하고 시중드는 섬김과 수고를 하여도 이 땅에서는 예쁜 꽃과 꽃 향기를 못 누릴 수도 있다. 하지만 분명 저 천국에서는 더 풍성한 꽃들과 향기를 누리게 될 것이다. 예수님

걸어가신 그 '섬김의 길', 나도 예수님처럼 그 길을 기쁨으로 걸어가기를 소망한다.

핵심가치4 QT(말씀묵상)

QT(말씀 묵상)는 세정제(洗淨劑)다

'세정제'는 두 가지 뜻이 있다. 첫째는 물체의 표면에 붙은 불순물 따위를 씻어 내는데 쓰는 물질이고, 둘째는 상처가 난 부위나 눈, 귀 등을 씻어 내는데 쓰는 약물이다.

　청소를 깨끗하게 하는 것을 좋아하는 나는 세정제에도 관심이 많다. 당연히 집에는 여러 종류의 세정제를 구비하고 있다. 그리고 나는 간호사라는 직업병 때문이었는지 자주 손을 꼼꼼히 씻는 습관이 몸에 배어 있다. 이곳에서는 싼 가격에 구입할 수 있는 '라임(레몬)'을 짜서 손을 씻기도 하고, 설거지를 할 때도 쓰면 냄새도 없어지고 깨끗해져서 자주 사용한다. 내 손이 깨끗해지고 내가 쓰는 물건, 집이 깨끗해지면 기분이 참 좋은데, 나의 영은 얼마나 깨끗한 지를 생각하게 된다.

　나는 기도할 때마다 제일 많이 기도하는 내용이 거룩하고 깨끗한 자가 되게 해 달라는 것이다. 하나님께서는 말씀과 기도로만 거룩해 진다고 말씀하신다.

나는 고1 때 교회에서《매일 성경 QT》를 접하였고, 서툴렀지만 QT를 시작하고 말씀을 나누는 그 은혜의 삶이 시작되었다. 그 후로도 30년 넘게《매일 성경 QT》는 나의 가장 가까운 친구로 있다. 선교지에 와서도 캄보디아어로 번역된《매일 성경 QT》가 있어서 이곳 현지 지체들과 매일 저녁에 QT나눔을 하고 함께 기도하고 있다. QT의 보석은 적용한 말씀을 나누는 것인데, 이 땅에서도 캄보디아어로 감동의 말씀을 나눌 수 있다는 게 큰 복인 것 같다.

특별히 내게는 중요한 결정의 순간에 QT를 통해 하나님의 인도하심을 받은 간증이 많다. 내 안에 여러 계획과 생각들이 있지만 '하나님은 어떤 말씀을 주실까?', '하나님은 어떻게 인도하실까?' 기대하며 나아가는 이 시간이 참 좋다.

무엇보다 나는 QT를 통해 나의 정결하지 못한 죄를 많이 깨닫게 된다. 말씀을 통해 깨닫고 기도하며 나아갈 때 하나님은 다시 깨끗하게 나를 씻어 주시니 참 감사하다. 앞으로도 QT시간을 통해 날마다 내가 어떤 자인지 낱낱이 드러나게 되고 하나님 앞에 정결하고 거룩한 자로 깨끗이 씻어 지기를 기도한다. 때로는 여러 통로로 받은 상처로 아프고 낙심 될 때 하나님은 QT시간을 통해 만져 주시고 치유해주시는 것을 경험한다. 그렇다. 상처로 피가 나고 진물이 나고 있을 때, 말씀이 그곳을 깨끗하게 씻어주고 소

독까지 해 주어 낮게 하는 것이다. 이 땅에서 끊임없이 이어지는 영적 전쟁 가운데에서의 QT는 나의 버팀목이었다고 감히 고백할 수 있다.

말씀은 하나님의 감동으로 쓰여진 것이기에 읽고 묵상할 때 하나님의 마음을 느낄 수가 있다. 그 말씀은 내 삶의 모든 부분을 변화시킬 수 있는 살아있는 말씀인 것이다. 그 말씀이 나로 더 깨끗하고 정결한 자로 변화되는 걸음을 날마다 걷게 하시리라 믿는다.

모든 성경은 하나님의 감동으로 된 것으로 교훈과 책망과 바르게 함과 의로 교육하기에 유익하니 이는 하나님의 사람으로 온전하게 하며 모든 선한 일을 행할 능력을 갖추게 하려 함이라 (딤후 3:16-17)

핵심가치5 교회

교회는 보물섬이다

나는 모태 신앙으로 어릴 때부터 교회에 가는 게 가장 즐거웠다. 어릴 때 아버지가 목사님인 친한 친구가 교회 안에서 살았다. 매일 교회 안에 있는 친구 집에 놀러 갔던 기억이 난다. 그리고 중3 때는 교회 선생님의 권유로 매일 아침 등교 전에 교회에 잠시 들러 기도를 하고 학교에 갔었다. 청소년, 대학생 때는 도서관에서 공부하다가도 잠시 시간을 내어 가까운 교회에 가서 기도하는 그 시간이 너무 좋았던 것 같다. 늘 교회에 가는 게 너무 좋았던 나는 마음속에 평생 교회에서 살고 싶다는 꿈이 있었다. 그 꿈은 이루어졌다! 남편이 부목사로 사역할 때 교회 마당 안에 있는 사택에 산 적이 있었고 지금도 교회 안에서 살고 있으니 말이다. 교회 안에서 살고 있으니 기도하고 싶을 때 언제든지 예배당 안에서 기도할 수 있어서 참 감사하다.

교회란 신자들이 예배 등의 종교적 의식을 진행할 수 있도록 세운 건물 또는 신자들의 공동체나 조직이다. 진정한 의미의 교회는 건물이 아니라 예수님을 믿는 그리스도인 개개인을 말하는 것이다. 그래서 교회를 '에클레시아'(세상으로부터 불러낸 무리들)라고 말한다.

세상으로부터 불러냄을 받은 한 사람 한 사람이 배를 타고 '보물섬'에 들어온 것이다. '보물섬'이란 보물이 묻혀 있거나 감추어져 있는 섬이다. 그들은 보물에 대한 기쁜 소식을 들었고 한 번도 가본 적이 없는 그곳을 선장인 하나님만 믿고 따라 보물섬에 온 것이다. 보물섬에 들어왔지만 반짝이는 보물이 당장은 보이지 않는다. 여느 섬과 별반 차이가 없어 보인다. 그러나 보물은 묻혀 있고 감추어져 있기에 보물을 캐는 수고를 할 때야 비로소 반짝이는 보물을 만날 수가 있다.

보물섬에는 어떤 보물들이 있나?

첫째는 내 삶의 주인이신 예수님이 계신다.

예수님을 진짜 인격적으로 만날 때, 내 마음은 눈부시도록 행복해지고 내 삶은 반짝반짝 빛나게 된다. 가장 멋진 보물인 예수님을 만났을 때 환경과 상관없이 참 기쁘고 행복했던 경험이 내게도 있다. 교회 안에서 드려지는 예배와 기도, 찬양을 통해 그리고 일상의 삶 속에서 예수님을 만나는 축복이 나와 우리 성도들에게 충만하기를 기도한다. 우리 캄보디아 교회에서는 매 주일 예배 때 한 주간 만났던 예수님을 간증하는 시간이 있는데 늘 간증이 풍성해서 감사한 마음이다. 나와 우리 성도들이 가장 좋은 보물인 예수님을 매일 만나고 경험하여 고단한 삶이 더욱 반짝반짝 빛났으면 좋겠다.

둘째는 다양한 보석(은사)을 가진 사람들이 있다.

교사, 섬기는 자, 위로하는 자, 전도하는 자가 가득하여 교회는 더 아름다운 곳이 된다. 선교사는 숨겨져 있는 보석을 캐내는 것을 돕는 자이다. "여기는 보물이 없어요. 캐기 싫어요."라고 말하는 자에게 "아니야, 내가 캐는 것을 도와줄게. 함께 캐자."라고 격려해야 한다. 그래서 각양 보석으로 서로를 섬기고 세우는 공동체가 되는 것이다.

셋째는 보물을 기쁨으로 나누는 자가 있다.

때를 얻든지 못 얻든지 복음을 전파하여 영혼을 구원하고 그리스도의 몸 된 교회를 세우는 것이다. 선교지에 와서 교회를 개척한 이후로 이곳 성도들에게 전도에 대해 계속 강조해왔다. 전도에 대한 사명으로 불타는 사역자들과 성도들이 있어서 선교사인 나에게는 큰 힘이 된다. 우리 교회에는 어른 성도들이 많다. 그래서 당연히 자녀들이 부모님을 따라 교회에 오니 온 가족이 예수님을 믿는 가정이 많아서 얼마나 감사한지 모른다. 이 땅에서의 선교의 열매로 4대가 믿는 가정이 생긴 것은 하나님께서 나에게 주신 가장 큰 축복이고 위로이다. 주님 다시 오실 때까지 보물이신 예수님을 전하는 삶이 나와 성도들에게 계속 이어지기를 소망한다.

나는 아침에 일어나서 잠들 때까지 '교회'에 대한 생각을 가장 많이 한다. 그만큼 교회는 나에게 가장 소중한 것이다. 교회 성도 한 사람, 한 사람이 너무 소중하다. 때로는 교회 때문에 많이 아프고 잠을 이루지 못할 때도 있다. 하지만 이곳이 예수님의 기쁨인 보석이 가득한 곳임을 잊지 말자. 예수님처럼 끝까지 사랑하는 자가 되기를 기도한다.

김혜진 선교사

핵심가치 1 소명

내 소명은 주인님의 농부

매일 나가서 땅을 보러 다닌다. 좋은 땅이 어디인지 찾아야 하는데 참 쉽지 않다. 겨우 괜찮아 보이는 땅을 찾아 일구는데 돌이 너무 많다. 골라내고 골라내도 돌 치우는 일로 수 개월, 수년을 보낸다.

드디어 씨를 뿌린다. 귀한 씨앗을 뿌려 놓고 노심초사 밤에도 나가 보고 낮에는 아예 밭에서 산다. 물을 주고, 잡초를 뽑고…그런데 어찌 된 일인지 많은 날이 지나도 싹이 안 튼다. 분명히 싹이 날 때가 되었건만…씨를 너무 깊이 심었나? 하필 올해 날씨가 나쁜가? 토질이 안 맞나? 혹시 내가 모르는 다른 문제는 없나?

어느 날 이랑에 빼꼼히 얼굴을 내민 손톱보다 작은 떡잎 몇 개…!

"아, 아, 아! 글쎄 씨가 나빴던 것은 아니었네!"

심은 씨앗이 그리 많건만 딱 몇 그루가 자라는 것을 보며, 나는 주인에게 그나마 싹이 튼 것이 있음을 보고할 마음에 제법 뿌듯하다. 내년에는 어떻게 해야 더 많은 씨앗에 움을 틔울 수 있을까 벌써부터 궁리한다. 어느 날 밭에 나갔는데 멀리서도 잘 보이던 초록빛이 없다. 급히 달려가 보니 줄기가 끊어져서 뿌리 부분만 남고 잎을 달고 있던 부분들이 사라져 버렸다. 달팽이들이 먹어 버렸다!

"안돼…!"

못난 초보 농부는 울고 싶은 마음을 겨우 추스른다. 주인님께 뭐라 보고하지? 내게 맡기신 일은 땅 고르기, 씨 뿌리기, 잘 자라도록 필요한 모든 영양 공급과 물주기, 많은 열매를 맺도록 키운 후에 열매 갈무리하기, 씨를 받아 다음해에 다시 파종하기 등등이다.

키우는 동안 날씨에 따라 보호, 해충, 동물이 먹어 버리는 일 없도록 보호 등 할 일을 잘 숙지하고 실행해야 한다. 아직 자라기도 전에 날려버린 경험, 다 자랐는데 해충의 공격으로 시들어 버린 경우, 수확하기 직전에 태풍으로 쓸려간 경우 등, 주인께서 주신 씨를 제대로 키우는 일은 결코 쉽지 않다.

추수를 한 후, 다음 기회를 엿보는 나는 농부다. 세상 고귀한 주인의 농부이기에 잘 하고 싶다. 세상 귀한 씨앗이기에 좋은 땅을 찾아 잘 키우고 싶다. 내일은 더 잘 할 수 있겠지 희망을 버리지 않는다.

핵심가치 2 지혜

지혜는 충성된 청지기

A시에 이사 가서 첫 주일을 맞았다. 처음 출석하는 교회라 누가 누구인지 모르는 날이었다. 적당히 여성들이 둘러 앉아있는 곳에 자리를 잡았다. 서로들 이야기를 나누는 중에 한 소녀가 입을 열었다.

"다들 성경을 잘 아시는 것 같은데 나는 아직 거의 몰라서 언제 나도 여러분들처럼 될 수 있을지 걱정이 되네요."

나는 그 소녀에게 웃으며 답을 했다.

"성경을 많이 알아야 하나님을 기쁘게 하는 것이 아니고, 조금씩이라 해도 아는 만큼 잘 살아 내는 것이 중요하니까 걱정 말아요."

소녀는 기쁜 표정으로 내 말에 고개를 끄덕였다.

알고 보니 그녀도 그날 처음으로 교회에 나왔다. 이후 그녀는 매주 내 곁을 맴돌았고, 우리는 곧 단짝이 되었다. 나는 그녀에게 묵상을 가르쳐 주고 성경공부도 함께 했다. 그녀의 이름은 S다. 시간이 지나 S는 잘 성장했고 많은 사람들이 그녀를 눈 여겨 보게 되었다. 나와 함께 교회의 여성 묵상 나눔 그룹을 수년간 인도했다.

어느 날 그녀에게 독일에 단기 선교사로 갈 기회가 생겼다. 우리가 속해 있던 교회를 개척한 선교사는 S가 독일에 단기선교사로 가지 않고, 필요가 많은 지금의 교회에서 여성 리더로 있어 주기를 바랐다. 그녀에게 독일 내 터키인들에게 복음 전하는 일을 도와주겠는가 요청한 모 독일 선교사에게 유감을 표시하는 등, 교회를 담임하던 선교사 내외는 그녀가 떠나지 않게 하기 위해 여러모로 권유했다. 말씀 묵상을 통해 하나님의 인도하심을 받았던 S가 독일 갈 생각을 바꾸지 않는 것을 본 지도자 부부는 마지막으로 내게 와서 부탁을 했다. S를 보내면 당신도 좋은 동역자를 잃게 되지 않느냐, 그녀를 붙잡지 않을 거냐 물었다.

나는 내 생각을 말했다.

"그녀는 하나님의 부르심에 순종하는 것이고, 그 일에 내 눈치를 볼 필요가 없습니다. 나는 나의 유익이 아니라 그녀의 선택과 순종을 중요시합니다."

선교사는 상당히 놀라는 표정을 지었다. 이렇게 어려운 사역환경에서 잘 키운 제자를 포기하다니 후회하지 않겠느냐는 확인까지 했다. S는 독일에 가서 1년반 동안 많은 경험을 하며 영적으로 성장했다. 항상 즐거운 일만 경험한 것은 아니기에 더욱 값진 훈련이었다. 지금은 다시 튀르키예에 돌아와서 하나님의 인도하심에 순종하며 살고 있다.

청지기는 주인이 맡기는 일을 한다. 재량권을 사용하여 맡겨진 사람들을 관리하며, 주인의 자녀들도 성년이 되기 전에는 그의 관리 아래에 있다. 단, 어떤 일을 하건 주인의 기본 방침에서 벗어나지 않아야 한다. 영광스럽게도 만 왕의 왕이 나를 청지기로 임명했다.

왕자처럼 살아온 요셉은 어느 날 갑자기 노예의 위치로 전락했지만, 하나님의 지혜로운 인도하심을 따라 순종했기에 어느 곳에 가도 주인과 상사의 신뢰를 받았다. 그는 감옥에서도, 총리가 되어도 청지기 정신을 잃지 않았다. 나는 선교지에서 현지인을 대할 때 내가 가르치고 키웠어도 내 마음대로 주관하지 않기 위해 노력했다. 잘 키워서 내 주인인 하나님께 드린다는 원칙을 세워 두니 행동하기가 쉬웠다.

내게 은혜를 입었다고 S를 좌지우지했더라면 내 주인인 하나님을 무시하는 일이 되었을 뿐 아니라 나와 그녀의 개인적 관계도 틀어졌을 지 모른다. 상대를 과하게 구속하지 않아야 나를 떠나지 않는다는 사실도 덤으로 배우게 되었다. 그녀도 나도 동일한 하나님의 청지기이기에 주인이 우리에게 함께 일하도록 하면 즐겁게 순종하고, 만약 헤어지게 하면 또 그렇게 따르면 된다. 나를 영적 어미로 소개하는 그녀 덕분에 나는 때로 뭇 사람들에게 대우를 받기도 한다.

우리의 주인 되시는 분은 당신의 청지기에게 항상 넘치는 은혜를 주신다.

주께서 이르시되 지혜 있고 진실한 청지기가 되어 주인에게 그 집 종들을 맡아 때를 따라 양식을 나누어 줄 자가 누구냐 주인이 이를 때에 그 종이 그렇게 하는 것을 보면 그 종은 복이 있으리로다 내가 참으로 너희에게 이르노니 주인이 그 모든 소유를 그에게 맡기리라 (눅 12:42-44)

핵심가치 3

사랑은 육아다

내가 사랑을 이해할 방법은 엄마 밖에 없다.

　구체적이고, 희생적이고, 절대적인 엄마의 사랑은 내 인생 곳곳에서 지금도 빠끔히 고개를 내밀곤 한다. 나는 아이를 낳아 길러보지 않았지만 어떤 엄마 보다 엄마의 마음을 잘 이해할 수 있다. 목회를 하던 할아버지의 시골 집에 시집와서 외동아들로 자란 철없는 아빠와 함께 사시던 중에 첫아이를 낳은 엄마는 나를 업고 십리 길 떨어진 읍내까지 걸어가 내 돌사진을 찍으셨다. 당시 미국에서 한국 교회에 보내준 구제품 아기 옷 중에서 고른 자켓을 입힌 모습이 지금 봐도 예쁘다.

　엄마는 자기가 속한 시대를 거슬러 항상 직장생활을 한 여인으로 살았다. 스스로 벌어들인 돈으로 우리 삼남매를 교육시키는데 일조했다. 독일에서 살 때는 교회 일에 언제나 최선을 다해 봉사했기에 사람들은 엄마가 직장생활을 하는 줄 몰랐다고 했다. 남편이 잘 벌어다 줘서 돈 쓰고 사는 데 어려움이 없는 주부로 생각할 만큼 엄마는 힘든 일을 티 내지 않고 처리했다. 자녀들에게 특별 지출이 필요하면 잠을 포기하고 아르바이트를 뛰셨다.

엄마라면 누구나 갖게 되는 마음인지 모르지만 나에게 사랑이 무엇인지 행동으로 가르쳐 준 엄마의 마음과 행동들은 내가 선교지에서 현지인을 대할 때 많은 것을 받아들이고 희생하고 내려 놓는데 도움이 되었다.

A는 참 믿음이 좋기에 조금 더 발전하도록 하나님 앞에서의 자기부정을 강조했는데, 내 앞에 서면 자신이 작게 느껴진다고 한동안 나를 만나지 않았으면 좋겠다 했다.

"그래? 그렇게 하렴."

1년 동안 녀석을 자유롭게 두었다. 한 번은 필요가 있다는 것을 알게 되어, 넌지시 누군가 보냈다며 용돈을 보냈더니 뛸 듯이 좋아한다. 1년을 자유롭게 지내던 녀석은 다시 만나자는 내 말에 못 이기는 듯이 돌아와서 다시 함께하고 있다. 말은 하지 않아도 항상 내게 되돌아올 수 있음을 고마워한다.

지내는 친척집이 다니는 대학교에서 너무 멀어 몸이 약한 여학생이 힘들어 한다.

"우리집에서 머물어."

대학교 4학년인 D는 고마워하며 나와 같이 지내기 시작했다. 가리는 음식이 많아서 주의해서 먹여야 하니 불편하고 따로 돈도 들었지만 신경을 써 주었다. 대학을 마치고 시골 집으로 돌아간 후 별 소식이 없어도 나는 꾸준히 그녀가 우리 주님을 알게 되도록 기도하며 소식을 전한다.

학교 선생님인 H는 남편과 세 자녀 때문에 너무 바쁘고 피곤하다. 주중에는 직장에서, 주말에는 집에서 정신없이 지내는 그녀를 매주 방문해서 복음을 나눈다. 고등학교에 다닐 때 잠시 교회에 나간 적이 있었지만 복음을 제대로 이해하지 못한 그녀는 그 후에도 가끔 하나님이 자신을 부르시는 것을 느낀다고 한다. 지금은 일상의 분주함 때문에 교회를 찾아 나설 엄두를 못 낸다. 주말이 되면 나는 1시간을 걸어서 H의 집에 찾아가 그녀의 이야기를 들어주고 성경 말씀을 읽고 기도를 해 준다. 청소하고 장보러 가고, 어린 자녀들의 필요를 돌보는 사이에서, 그 집중하기 어려운 짧은 시간을 붙들어 보고자 우리는 함께 노력을 한다.

사랑은 이렇게 별일 아닌 일상 가운데 상대의 필요를 채우고 내가 가진 것을 나누는 일이 아닌가 싶다. 내 앞에 있는 영혼이 주를 만나 그분과 동행하도록 돕는 일보다 더 큰 사랑은 없다. 이 세상 사는 동안에 때로는 육신의 필요와 영적인 필요를 구분하기 어렵지만, 진정 누군가를 사랑한다면 무엇보다 먼저 하나님을 만나도록 해 주어야 한다. 생을 마치는 순간 갈 곳이 없는 인생으로 끝내게 할 수 없는 게 진정한 사랑이다.

나는 그 사랑을 육아에서 발견한다.

핵심가치 4

모범은 세상의 어두움을 밝히는 등불이다

한국어를 하는 외국 선교사의 설교를 들을 기회가 가끔 있다. 어색한 발음이나 문장에 신경이 쓰인다. 그분이 전하고자 하는 말씀의 내용만 감명 깊게 받아야 하는데 그분의 언어사용에 신경이 쓰이는 것은 나도 비슷한 입장에 있기 때문일 것이다.

현지어를 잘 한다 할 수도 없는 내가 강의를 할 때 터키인들은 과연 어떤 느낌일까 짐작해 본다. 선교사가 30대 이후에 배운 외국어로 누구를 가르치는 일은 한계가 있다.

현지인들이 선교사를 용납해 주는 것이지 어눌한 말로 전하는 내용을 내가 의도한 대로 잘 알아듣거나 감명 깊게 듣는다고 믿으면 곤란하다. 누구나 동족의 설교나 가르침 받기를 더 선호한다. 그럼 우리는 모국어로 하는 부모의 가르침은 잘 들을까? 자칫하면 잔소리로 받아들일 수 있다. 우리는 부모나 선생의 '말' 보다는 습관이나 행동에서 영향을 받는다. 열 마디 말보다 단 한번의 결정이나 행동이 더 깊은 인상을 심어 준다.

예수님은 완벽한 모범을 보였다.

머리 둘 곳도 없이 가난하게 지내며, 제자들과 함께 먹고 자고 걸어 다녔다. 전날 피곤하게 보냈어도 아침 일찍 일어나 하늘 아버지와 충분히 시간을 보냈고, 선생이면서 제자들의 발을 씻기고, 제자들이 잘 때 혼자 피땀 흘리며 기도했다. 이런 모범이 제자들에게 각인되었고, 후에 모두 기억하도록 했다.

나에게 독신 선교사가 될 것을 격려한 독일 선교사님은 아마존 유역에서 평생을 보낸 후 집에 돌아와 선교지에서 얻은 풍토병을 치료하고 있었다. 꿈에도 잊지 못하는 선교지에 수년 후에 다녀온 이야기를 내게 들려주었다.

수 십년 전 그녀가 원주민 마을에 가려면 작은 뗏목을 타고 아마존 강을 거슬러 올라가야 했는데 마을에 가도 성인들에게는 도저히 복음을 전할 수 없어서 어린 아이들에게 단순한 언어로 복음을 전하며 여러 곳을 옮겨 다녔다고 한다. 아이들과 놀아 주면서 성경을 가르쳤는데, 수십년 후, 어른이 된 그들이 사는 여러 곳에 교회가 구성되었다고 한다. 일상생활과 예배 드리는 사소한 방식조차 그녀가 가르친 대로 계속되고 있는 것을 보고 감개무량했다 한다.

내가 지방의 A시에서 10년을 지낼 때 같은 교회의 현지인 리더가 이렇게 말했다.

"당신이 가까이하는 자매들은 당신을 닮아 신실한 믿음을 가지게 되니 보기가 참 좋다."

선교사는 예수님이 하신 것처럼 하나님 나라를 모르는 사람들에게 모범을 보이는 일을 한다. 동역자끼리 사랑하는지, 돈은 어떻게 사용하는지 매의 눈으로 관찰하는 영적 자녀들을 의식해야 한다. 하나님 나라가 잘못 이해되게 할 수 없으니 한없이 조심스럽다. 가장 좋은 방법은 수시로 나의 부족함을 인정하는 겸손의 모범일 것이다.

오늘도 내 삶이 어두움을 밝히는 모범의 등불이 되고 있는지 주님께 여쭌다.

핵심가치 5

말씀묵상은 물고기 잡는 법이다

자녀에게 최선의 것을 주고 싶은 것이 부모의 마음이다. 많은 돈을 들여 자녀를 교육시키고 가능한 많은 재산도 물려주려 한다. 자녀가 최대한 고생하지 않고 살아가기를 바라는 것도 인지상정이다. 자녀를 고생시키지 않기 위해 뭐든 대신해주려 하는 경우도 흔하다.

자녀들이 스스로 결정하고 그 결정에 대한 책임을 지는 일을 잘 가르치지 않아 결혼 후에도 부모에게 물어보는 사람들이 있다. 부모의 지혜를 빌리기 위한 상의가 아니라 중요한 일을 스스로 결정해 본 경험이 없어서 그렇다.

신앙이 좋아 보이는 사람들도 결정을 내릴 때 비슷하게 행동한다. 무슨 일이든 확고한 영적 원칙이 없으면 감정적이고 일관성 없는 결정을 해서 일을 망치거나 고생을 자처하게 된다.

이유는 의외로 간단하다. 물고기를 먹어 본 적은 있지만 어떻게 잡는지를 모르기 때문이다. 그런 사람들은 능숙하게 물고기를 잡는 사람을 본적도 없다. 성도에게 '물고기 잡는 법'은 말씀 묵상이다.

성경을 통틀어 하나님의 메시지는 명확하다.

너희로 내 백성을 삼고 나는 너희 하나님이 되리니 나는 애굽 사람의 무거운 짐 밑에서 너희를 빼어낸 너희 하나님 여호와인줄 너희가 알지라 (출애굽기 6:7)

애굽에 열 가지 재앙을 내릴 때 하나님은 이스라엘 백성은 물론 온 천하에 하나님이 어떤 분인지 알리기 원하셨다. 젖과 꿀이 흐르는 가나안 땅에 들어간 이후에도, 백성이 왕을 요구할 때도,

너무 심하게 죄를 지어서 포로생활을 시키실 때도 자기 백성에게 반복적으로 말씀하신 내용은 '나를 알아라' 하는 메시지였다. 안다는 단어는 히브리어로 '야다' 라는 단어로 부부가 서로 깊은 관계를 맺어 잘 아는 것을 말한다.

하나님은 우리가 그분에 '대해서' 아는 게 아니라 '인격적인 경험'을 통해 체험적으로 알기를 원하신다. 이 일은 말씀을 깊이 묵상하며 말씀이신 예수님과 아버지 하나님을 성령을 통해 경험하며 점진적으로 알아간다는 말이기도 하다.

우리도, 우리가 모범을 보이며 가르쳐야 하는 영혼들도 오직 한가지 길로 나아가야 하는데 그게 바로 하나님을 알아가는 일이다. 우리가 누굴 알려면 가능한 많이 만나야 하듯이 하나님도 자주 그리고 깊이 만나야 한다. 우리가 언제 하나님을 그렇게 깊이 만날 수 있는가? 매일 매순간 말씀을 통한 만남으로 가능하다. 하루 종일 성경책을 읽고 있자는 게 아니다. 인격이신 그분을 수시로 만나고 묵상하자는 것이다.

사랑에 빠져본 사람은 잘 알 것이다. 상대를 하루 종일 묵상하는 게 신기할 만큼 잘 된다. 누구나 시간만 나면 오매불망 그 사람을 생각하던 경험이 있을 것이다. 우리는 하나님을 묵상하는 일을 가능한 자주 하여야 한다. 내 마음대로 상상의 나래를 펴는 것이 아니라 그분의 말씀에 근거한 묵상을 말한다.

그분을 알면 알수록 일상의 모든 결정이 단순하고 쉬워진다. 그분께 반복적으로 여쭈다 보면 모든 문제와 상황이 점점 명확해지고, 해야 할 일도 자연스럽게 정해진다. 내가 내 자신을 속이지 않고, 그분의 원칙에 순종할 마음만 있으면 인생은 쉬워진다. 나는 내가 만나는 사람에게 먼저는 주님을 소개하고 다음으로는 그분과 교제할 수 있도록 묵상을 소개한다.

묵상은 그날의 운이나 미래를 점치는 것이 아니라 주님과 깊이 교감하는 일이다.

"주님, 오늘은 제가 어떤 일을 하기 원하세요? 이 일은 어떻게 결정하는 게 좋을까요?"

모든 일에 구체적인 답을 즉각 얻는 것은 아니지만 무슨 일이든 주께 여쭌 후에 그 일을 결정할 때 원칙과 용기를 얻을 수 있다. 그분의 인도하심을 받는 삶은 상황에 상관없이 평안하다.

억울하게 감옥에 간 요셉이나 죽음의 위협을 받던 감옥에서 편히 깊은 잠을 자던 베드로, 매를 맞고 감옥에 갇힌 상황에서 찬양을 부르던 바울과 실라처럼 마음이 평안하면 되는 거 아니겠는가?

사람의 걸음은 여호와께로서 말미암나니 사람이 어찌 자기의 길을 알 수 있으랴 (잠언 20:24)

문갈렙 선교사

핵심가치1 사역(사역-오페라 갈아라)

환대

인터넷 지도에서 국립극장을 찾아보니 3호선 남부터미널역 부근에 위치한다. 평소보다는 다른 옷으로 단정하게 차려 입고 아내와 집을 나섰다. 25년째 사역을 하는 중에 은퇴라는 수식어가 갑자기 날아와 붙어 어리둥절한 가운데 갑자기 은퇴선교사가 되었지만, 우리 부부는 아직 은퇴를 못 하고 지낸다. "은퇴하셨다면서요? 정말 노고가 많으셨어요." 성도들은 은퇴식이 있었다는 소식을 듣고 교회에서 만나면 따뜻한 격려의 인사로 우리를 마음으로 포옹해 주신다. "정말 감사합니다. 하지만 생각해 보면 땅끝까지, 인생 끝까지 감당하라는 소명을 받았는데 선교에서 은퇴라는 말을 듣기에는 아직 너무 송구스러워요."라고 답례를 하면서도 이 말이 오히려 격려해 주시는 성도님까지 어리둥절하게 만드는 꼴이 되지나 않았는지 모르겠다.

그런 우리 부부를 '선교사 섬김 커뮤니티'라는 이름의 공동체에서 오페라에 초대해 주셨다. 회사원 시절 음악회에 참석한다고 가본 적은 있었지만, 그 이후 30년 만에 국립극장을 찾게 되었다. 설레는 마음과 함께 어떤 차림으로 가야 할지부터 고민해 보지 않을 수 없었다. 생각보다 넓은 부지에 작고 큰 공연장과 박물관 등이 자리 잡은 우면산 자락 멋진 언덕에 위치한 대한민국 최고의 공연장이다. 입구에 들어서면서부터 우리가 상당히 시골 사람임을 감출 수 없었다. 우선 공연 전 만나서 오찬을 나누기로 한 식당을 찾는데 오월 햇빛 이건만 땀을 흘려야 했다. '모차르트 (뭐라나?)' 이름부터 고급지고 멋스러워 어느 건물인가 안에 위치하리라 생각하고 찾았더니 넓은 광장 중앙 산 쪽에 위치한 독립건물 전체를 쓰는 아담한 식당이다. 벌써 대기 줄이 긴 것을 보니 인기가 많은 맛집인가 보다 여겨졌다. 초청 측에서 이미 테이블을 확보하고서 따뜻한 환대로 맞아 주시면서 메뉴에서 골라 좋아하는 음식 뭐든 주문하라 신다. 하지만 망설여지는 것이 아무리 찾아도 저렴한 가격의 음식이 없다. 식사가 나오기를 기다리는 동안 권사님들이 와서 아내에게 고급스러운 흰색 종이 포장의 선물을 '작은 성의'라며 안겨 주신다. 오늘 관람할 오페라의 입장권도 두 장을 주신다. 환대의 자세로, 따뜻한 가슴으로, 사랑을 주 건축재로 친분의 다리를 놓는 것이야 말로 사역에서 항상 잊지 않고 실천하여야 할 선결과제이다. 생명이 건너갈 든든한 다리 건축이 관건임을 환대를 받고서 감동하며 교훈으로 가슴에 새겼다.

오페라 하우스

국립극장 여러 건물 중에서 지붕이 둥근 제일 웅장한 건물에 들어섰다. 순간 나는 문화가 다른 사역지로 입국할 당시에 느꼈던 감정이 떠올랐다. 한가지 다르다면 오페라 하우스를 들어서는 나는 관객으로 입장하는 모양새이지만 내가 그 나라를 들어설 때는 사명을 부여 받고 비장한 마음으로 도착한 일꾼이었다. 어떻게 당일 오페라가 공연될지 미지수이듯, 당시 그 나라에서 펼쳐 갈 사역도 성령님께서 어떻게 인도하실지 설렜다. 혼자서 하는 일이 아니기에 어떤 사람들과 앞으로 동역하게 될지도 궁금했고, 섬길 종족과 지역도 하나님의 전적인 인도하심에 의지하고 들어섰기에 미지수였다. 마치 이민국 부스를 통과하듯 입장권을 보이고 들어선 공연장, 아직은 공연 시작 20분 전이라 커튼으로 무대는 가려져 있고 객석은 아직 밝았다. 관현악단 연주자들은 저마다의 악기를 조율하느라 삑삑거리는 불협화음을 내고 있었다. 막이 오르기 직전인지 스텝들이 관람석 통로를 다니며 핸드폰 전원을 'off'시켜 달라며 협조를 구한다.

　사역지에서는 지켜야 할 것이 많다. 사역 국 정부의 규정을 지켜야 하고, 보내심을 받은 일꾼으로서 파송교회와 파송단체의 규정을 유념하고 사역지를 섬겨야 한다. 무엇보다도 부르심을 받은 하나님의 일꾼으로서 말씀을 따라 행하고 기도로 여쭈어 나아갈 방향과 방법과 속도를 구하며 나아가야 한다. 그런 점에서 객석을 다니며 관람 규정을 고지하는 스텝의 목소리가 사역지에서 간과하지 말아야 할 그 땅의 규정을 상기시키는 것 같이 들렸다.

앙상블 케스트, 컴퍼니

선교는 어떤 한 사람이 독자적으로 수행하는 사역이 아니다. 어떤 것보다 연합과 팀워크가 중요시되는 과업이다. 주연이 배역을 잘하고 돋보이게 하기 위해서도 앙상블 케스트가 필요하다. 또한 주인공만 중요한 역할이 아니라 배역을 맡은 모든 배우가 같은 비중으로 배역을 소화해 내도록 세심한 배려를 함으로써 완성도가 높은 공연이 이루어지는 것이다. 사역에서는 앙상블 케스트의 존재나 그 목적과 효과에 대한 이해 부족으로 자주 트러블과 갈등이 유발되는 경우가 있다. 주인공 격인 선임 사역자가 자아도취하여 독단적으로 이끌거나 혼자 주목받으려는 명예욕으로 팀을 리드 한다면 팀워크는 깨지고 흩어지게 되는 경우가 흔하다. 공동체 안에서는 사역에 참여하는 모든 지체가 동일하게 중요시 받아야 하는 일꾼이라는 것을 유념하지 않으면 안 된다. 그러나 이러한 점이 간과되면 마침내는 불미스러운 상황이 벌어져 사역지 주변과 본국까지 실망을 안기게 되는 것이다.

슬리퍼 히트

사역은 흥행이 아니다. 그러나 오페라의 용어 중 '슬리퍼 히트'에서 얻는 교훈이 있다. 원 뜻은 흥행을 별 기대하지 않았지만 작품이 큰 흥행을 이루는 것을 뜻한다. 사역에서는 흥행, 즉 누군가 로부터 박수를 받기 위한 기대로 임해서는 안 된다는 것이다. 사역 잘한다는 칭찬과 박수는 오히려 일꾼을 넘어뜨리는 말이 될 수 있다. 내가 존경하는 목회자 옥한흠 목사님은 소천 하시기 전 어느 주일 설교에서 이렇게 말씀하신 적이 있다. 예배를 마치고 성도들이 돌아갈 때 설교한 목회자를 보고 "은혜 많이 받았습니다, 목사님" 하면 설교가 실패했다고 보면 정확하다고 하셨다. 정말 설교가 은혜가 되었다면 성도들은 아무 평가의 말이나 어떤 칭찬의 말도 건네지 못하고 다만 '어찌할꼬!'라며 가슴을 부여잡고 귀가하게 될 것이라고 하셨다. 칭찬과 성과 거양, 일 잘하는 일꾼으로서 '내가 하면 무언가 달라!'라는 자만심으로 임하는 임무 수행은 하지 말아야 할 것이다. 그보다는 묵묵히 낮은 자세로 복음을 위하여 섬겨가다 보면 아름다운 열매가 열리고, 마침내 주님께서도 인정해 주시며 칭찬하시는 기대하지 않았던 진정한 히트를 경험하게 될 것이기 때문이다.

암전

Dark Change, 즉 암전이란 공연에서 장면을 전환할 때 사용하는 효과를 뜻하는 용어이다. 무대가 어두워지면서 관객이 무대 위의 사물을 볼 수 없을 만큼 조명을 끈 상태에서 배경과 소품들을 바꾸는 것을 말한다. 사역에서도 암전이 필요하다. 즉 창의적으로 접근방법을 다양화하여 섬김의 대상들이 진부하게 여기지 않게 다양화할 필요가 있다. 수용 가능한 창의적 접근방법이 아니면 잘 섬긴다고 해도 수용성이 없을 수 있다. 이때 간혹 암전을 사용하여야 할 것이다. 암전은 기도다. 기도의 무릎으로 간절하게 사역의 지혜를 구하여야 할 것이다. 눈을 감으면 암전이 일어난다. 내

눈의 암전이 먼저 일어나야 무대에서도 암전 효과가 자연스러울 것이다. 사역자가 변해야, 절실하게 무릎을 꿇어야 섬김의 대상에게서 변화가 일어나는 놀라운 열매가 열리게 주님께서 터치하여 주실 것이다. 사역에서 창의적 사역 방법과 방향성을 얻기 위해서는 기도하는 암전이 필요하다. 눈을 감고 주님께 여쭈는 암전을 주님께서는 기다리신다.

인터미션

안식, 주님도 천지를 창조하시고 하루를 쉬셨다. 우매한 나는 언젠가 박수를 받을 것이라는 기대로 "안식년 없이 10년을 보냈네요."라며 후원교회 성도들에게 말한 적이 있다. 그래서 어쩌란 말인가? 적절한 연한 마다 안식을 갖는 것이 생산성을 높이고 걸어온 길을 돌아보고 방향 수정을 하여 새로운 자세로 임할 수 있게 된다는 것을 모르는 무식의 소치였다. 쉬지 않고 일하였다면 '참 대단하십니다!'라는 말이 따라붙는다. 그러나 그 말이 진정한 칭찬이라고 여긴다면 어리석은 일꾼일 것이다. 완전 안식도 괜찮지만 재교육과 성찰의 기회로 삼는다면 또한 멋진 안식년이 될 것이다. 그냥 한적하게 쉰다 하여도 선교의 주인이 되시는 주님께서는 새로운 지침과 방향을 여러 채널을 통해 제시해 주실 것이라 믿는다. 쉼 없이 굴을 파나가는 사역의 모습은 마치 시력이 나쁜 두더지가 절벽을 향하고 있는 줄도 모르고 땅을 헤치고 파나가는 꼴과 같으리라.

아리아

클라이맥스에 연주되는 곡으로 공연의 주제를 오롯이 담고 있다. 사역에서 클라이맥스는 언제인가? 두말할 것도 없이 기쁜 소식이 선포되는 시점이다. 아리아가 연주되는 순간을 위하여 거창한 오페라가 기획되고 작곡되는 것이다. 제한지역에서는 몇 달, 혹은 몇 년이고 중요한 목적을 지닌 다리를 건축하는데 모든 열량과 정성을 쏟아 집중한다. 다리가 건축되고 나면 반드시 다리를 건널 주인공을 건너 보내야 하는 것이다. 다리만 짓고 오갈 차량과 사람이 건너가지 못하게 폐쇄 해 둔다면 너무나 비생산적 건축을 한 것이다. 아리아 없는 오페라는 없다. 아리아가 없으면 오페라도 실패작이다.

앙코르, 커튼콜

무대 위의 연주자들과 배우들은 앙코르나 커튼콜을 먹고 큰 배우가 되어간다. 박수가 일반 비타민이라면 앙코르를 외치며 손뼉을 치는 커튼콜은 멀티비타민 격이다. 사역자에게 앙코르나 커튼콜은 무엇일까? 파송단체나 파송교회로부터의 박수와 칭찬일까? 동역 성도들로부터의 중보기도일까? 평소보다 넘치는 재정 후원? 사역과 관련하여 상훈의 표창이나 훈장 혹은 봉사대상奉事大賞을 받는 것인가? 묵묵히 일하는 일꾼에게 객관적인 평가에 의해 단체나 정부가 시상하는 상을 수상하게 되는 것은 크게 축하받고 경하할 일이다. 그러나 사역자로서 대망하는 최고의 격려는 주님께서 '앙코르!'라 외치시며 안아 주시고, 칭찬해 주시는 엄청난 광영이다. 주님의 칭찬은 우주 최대의 커튼콜이다. 주님의 커튼콜을 받으며 순례자로서 이 땅에서의 모든 사명을 마치게 된다면 더 이상 바랄 것이 없을 것이다. 할렐루야!

핵심가치2 섬김

섬김은 물水이다

'섬기다'의 의미는 무엇일까? 사전에서 찾아보니 첫 번째 의미는 '윗사람을 모시어 받들다'이고, 그 다음으로는 '남을 힘써 거들어 주다'라는 의미를 갖고 있다. 히브리어로는 '아바드'로 '섬기다/예배하다/봉사하다'라는 의미로 성경에서 쓰였다. 영어로는 'Serve' 혹은 'Worship'의 의미로 표시된다. 여기서 나는 일반적으로 필드에서 일하는 복음의 일꾼들이 '섬긴다'라는 말을 자주 사용하게 되는 것에 초점을 맞추어 '남을 힘써 돕는 봉사를 한다'라는 의미로 피력하고자 한다.

예수님은 이렇게 말씀하셨다.

> 내가 주는 물을 마시는 자는 영원히 목마르지 아니하리니 내가 주는 물은 그 속에서 영생하도록 솟아나는 샘물이 되리라 (요4:14)

이 구절에서 볼 때 예수님께서는 영원히 목마르지 아니할 생수(生水)를 주시는 분이시며 그분께서 주시는 생수(生水)란 생명(生命)이 되시는 성령님을 일컫는 것으로 생각한다.

물은 생명이다. 우리가 세상을 살아가는 데 물은 필수 불가결한 것이다. 인간의 몸은 약 70%가 물로 구성되어 있고, 사람은 매일 2리터 정도의 물을 어떤 형태로든 섭취하여야 살아갈 수 있다. 수명이 70년이라고 할 때 평생 마시는 물의 양은 약 50톤에 이른다. 이처럼 물이 인간의 생명을 유지하는 데 없어서는 안 되는 요소이듯, 영적인 생명을 유지하는데도 성령님의 내주하심이 없고는 영적으로 죽은 상태라고 말할 수 있다.

물에서 우리는 섬김과 연관된 많은 교훈을 얻을 수 있다. 첫째, 물은 낮은 데로 흐르는 특성이 있다. 그리고 어떤 용기에 담겨도 그 용기의 형태대로 자기 몸을 맞추는 유연함과 순응하는 자세를 취한다는 것이다. 이 같은 물의 특성은 섬기는 자에게 중요한 교훈을 안겨준다. 물론 섬김은 모든 계층을 대상으로 하지만 일단 낮은 곳으로 지향하며 섬김이 이어져야 한다는 것을 물이 가르쳐 준다. 그리고 섬기는 자의 눈높이에서 일방적으로 섬길 것이 아니라 섬김의 대상의 입장과 눈높이에 맞춘 섬김이 되어야 마땅하다는 것도 물이 가르쳐주는 교훈이다. 물은 더러운 것도 마다치 않고 깨끗이 청소한다. 그리고 어떤 공간이든 평탄하게 차오르며 채워간다. 물의 특성 중 이것 또한 섬기는 자들에게 빈부귀천을 가리지 않고 씻어주고 닦아주고 보살피는 손과 발과 마음이 되어 겸손하게 섬겨야 한다는 교훈을 가르쳐 준다. 그리고 물은 주변 경관이 좋다고 하여 멈추거나 경치 좋은 쪽으로만 방향을 돌려서 흐르지 않는다. 한결같이 흐르며 바다에까지 다다라 큰물에 흡수되어 사라진 듯하지만, 수증기로 올라가 본연의 역할을 되풀이하며 여전히 다시 흐르는 것이 물이다.

섬김은 일정 기간 실천하면 의무가 끝나는 일이 아니다. 인생 끝날 때까지 한결같이 사랑으로 남 섬기는 삶을 이어가야 한다는 것을 물에서 배운다. 많은 선견자가 물에 대하여 말할 때, 물은 다

투지 않으며 자기 공을 내 세우지도 않고 유유히 흐른다는 점을 비유로 들어 인용한다. 섬기면서 잘하려고 했든 아니든, 어떤 이유로도 다툼이나 충돌을 일으켜서는 안 된다는 말이다. 그리고 섬김의 실적을 거양하여 자랑하거나 공을 내세우지도, 칭찬을 들으려고도 말라는 의미이다.

물처럼 산다는 것이 쉬운 일이 아니듯, 물처럼 섬기는 일을 하기도 쉬운 일이 아니다. 나의 섬김의 태도를 물에서 얻은 교훈으로 점검하여 살펴본다. 낮은 데로 흐르기를 주저한 적은 없었던가? 포용하는 자세로 겸손히 섬겨왔던가? 주변을 의식하고 흔들려 섬김을 멈춘 적은 없었던가? 상대방의 눈높이에 맞추어 섬김의 방법과 도구와 때와 재료와 규모로 섬겼던가? 어느 쪽 잘못임을 떠나 섬기는 자로서 다른 섬김이들과 경쟁하고 다툰 적은 없었는가? 섬김의 실적을 거양하고 자랑하거나, 드러내어 칭찬과 박수를 은근히 끌어내려 했던 적은 없었던가?

이 같은 질문 어느 항목 하나에도 자신 있게 바람직한 대답을 못 하는 나를 보니 부끄럽다. 생명수 되시는 성령님께 다시 빚어 주시고 다듬어 주시기를 구하는 기도의 무릎부터 꿇고 섬기기를 이어 가야겠다는 결단을 해 본다. 주여! 저를 불쌍히 여기소서!

박혜정 선교사

핵심가치1 사랑

사랑은 연필심이다

연필심은 어딘가에 쓰여지기 위해 계속 닳아진다. 연필을 만든 사람은 연필심이 닳아져서 어딘가에 쓰여지라고 만들었다. 연필을 쓰는 사람은 연필이 닳아지면 깎는다. 나무로 만든 틀 안에 숨겨져 있는 흑연이 깎으면 다시 나온다. 다시 쓸 수 있다. 하나님께서 예수님을 십자가에 달리게 하심으로 나에게 주신 무한한 사랑이 있다. 내 생명이 다 할 때까지 쓰라고 주신 사랑이 있다. 나의 사랑은 연필심처럼 내 주변의 사람들, 미래에 만나게 될 사람들을 위해 사용되고 있다. 나에게 주신 달란트도, 나에게 주신 건강도, 시간도, 나에게 주신 성품까지도 모두 '사랑이라는 연필심'이 되었다.

사랑에는 여러 종류가 있다. 남녀 간의 사랑, 부모 자식간의 사랑, 동료간의 사랑, 모든 인간관계에 사랑이 존재한다. 사랑의 방법도 여러가지이다. 사랑의 종류와 방법에서 공통점을 찾을 수 있다. 바로 나 자신을 위한 사랑은 아픔을 동반한다는 것이다. 개인의 유익을 위한 사랑은 결국 상처로 끝이 난다. 하지만 연필심으로의 사랑은 '자신'이 아닌 타인에 주목한다. 타인을 위해 자신의 삶의 수명이 다할 때까지 닳아지도록 쓰인다. 이해 받으려 하기 보다 이해하고, 도움을 받기 보다 돕기를 원한다. 책임져 달라고 하는 것이 아니라 책임진다. 믿어달라고 하기 보다 믿어준다. 그렇게 연필심으로서의 사랑은 나 자신을 사랑하기보다 타인을 사랑하고자 한다.

사랑이라는 뜻에는 상대방을 생각하고 그 마음을 헤아린다는 뜻이 있다고 한다. 사랑의 어원은 한자어 思量(스량)이다. 즉 상대방을 생각하고[思:생각할 사] 마음을 헤아린다[量:헤아릴 량]는 뜻이다. 성경에서 사랑은 오래 참고 온유하고 질투하지 않고 자랑하지 않고 교만하지 않고 예의 바르게 행동하며 화내지 않고 악한 것, 죄 된 것을 기뻐하지 않으며 진리와 함께 기뻐하고 모든 것을 참고 끝까지 믿으며 모든 것을 견디는 것이라고 기록되어 있다. 이 모든 것의 궁극점은 바로 자기의 유익을 구치 아니하고 다른 사람의 유익을 구하는 것이다.

연필심 같은 사랑을 하려면 누가 내 사랑을 값지다고, 고맙다고 인정해 주는 사람의 평가에서 벗어나야 한다. 자녀들이 청소년기에 접어들면서, 어버이 날이 되어도 부모님에 대한 감사와 사랑을 적극적으로 표현하지 않는 모습을 보게 되었다. 그럴 때면 나도 모르게 서운함이 몰려왔다. 자녀들로부터 그들의 탄생과 양육 과정에 큰 공을 세운 내가 받들어지면 좋겠고, 나를 기억했으면 좋겠다는 바람을 갖게 되었다. 또 동료들을 도왔을 때, 고맙다는 표현을 받지 못하면 내심 섭섭함이 몰려오거나 '은혜도 모르는 사람 같으니'라며 상대를 판단하는 마음이 들기도 했다.

연필심의 사랑을 하려면 사람의 평가를 기대하지 말고 주님의 평가만을 기대해야 한다. 연필을 쓰는 사람 그 누구도 닳아지는 연필심을 보면서 아까워하거나 안타까워하지 않는다. 연필심은 열심히 닳아지라고 만들어졌기 때문이다. 나를 지으신 이의 바람대로 내가 쓰여졌을 때, 아무도 나를 기억하지 못하더라도 나를 만드신 이는 너의 소임을 다 했다고 칭찬해 주실 것이다.

핵심가치2 배움

배움은 종합선물세트다

어렸을 때, 선물을 받을 수 있는 명절이나 어린이날 같은 특별한 날이 되면 늘 종합선물세트를 기대했다. 종합선물세트안에 들어 있는 여러 종류의 과자들과 사탕, 초콜릿 등은 보기만 해도 가슴을 설레게 했다. 다른 선물보다 종합선물세트를 받는 것이 더 좋았다. 다 가진 기분이었다. 부자가 된 것 같았다. 나에게 배움도 그렇다. 어린시절의 종합선물세트가 그렇게 귀한 것이었 듯이 어른이 된 나에게 배움이 그렇다.

배움의 '배우다'라는 말은 '배다'에서 왔다고 한다. '배다'라는 말은 사람이나 포유류 동물이 임신한다는 의미다. 어미가 새끼를 배(腹) 안에 품어 자라게 하는 것이다. 그리고 '배우다'의 '우'는 사동으로서 '하게 한다'는 의미가 있다. 이 말은 사람이나 포유류 동물의 새끼뿐만 아니라 조류나 어류의 알, 줄기 속에 든 이삭에도 쓰일 수 있다. 여기서 알 수 있듯이 '배우다'는 '배게 하다'는 것으로 다음 세대를 임신하거나 종자를 생산하게 하거나 속에서 자라게 하는 것을 말한다.

'배움'은 지식이나 기술을 단순히 아는 것에 그치는 것이 아니라 '배우는 사람'의 품에 내재화 시키고, 그것을 스스로 자라게 하는 것이다. '배움'을 한자로 쓰면 학습(學習)인데, 배우고 익히는 것, 바로 산모가 아기를 품어 자신의 피와 살을 내어주면서 복중의 태아를 키우는 것과 같은 과정이다. 또 '배움'의 동사 '배다'는 '스며들다'라는 뜻이 있다. '배우다'는 '스며들게 하다' 이다. 작은 것이라도 선하고 좋은 것을 배워 몸에 배게 하면 그것이 삶 전체를 관통시킨다. 배움은 삶에 깊은 인상을 남겨 결국 삶을 더 나은 방향으로 나아가게 한다.

나에게 배움이란 알게 된 것을 숙성시켜 자기화 시키는 것, 생각을 품어 새로운 깨달음을 창조하는 것이다. 그리고 세상 모든 만물로부터 나와 세상을 유익하게 하는 배움을 얻어 자신에게 스며들게 해서 '나'를 그 스며든 것으로 가꿔가고 만들어 가는 가치 있는 과정이다. 그렇기 때문에 어떤 정해진 때에만 배우는 것이 아니라 평생 배우는 사람으로서 살아가야 한다.

배움이라는 종합선물세트는 나에게 다음과 같은 다채로운 기쁨을 선사한다.

첫째, 나에게 닫히지 않는 성장판을 준다.

요즘 청소년 자녀들을 둔 엄마들의 중요한 관심사 중의 하나는 자기 자녀의 성장판이 닫혔느냐 아직 열렸느냐 하는 것이다. 성장판이 닫히면 더이상 키가 자랄 수 없다.

하지만 배움의 성장판은 다르다. 나는 나에게 한국어를 배우는 학생들에게 나도 여전히, 아직도 학생이라고 말한다. 계속 배워서 자라고 있는 중이다. 배움은 나를 일정 시기 까지만 자라게 하는 것이 아니라 호흡이 멈추는 그 날까지 자라게 한다.

둘째, 나에게 넓은 마음을 준다.

타인의 노력과 고뇌가 담긴 책이나 글을 읽을 때, 타인의 삶의 여정과 생각을 말로 나눌 때, 그 사람을 받아들일 수 있는 내 마음이 커진다. 그 사람으로부터 배울 점을 찾아서 내 마음의 그릇에 담는다. 그래서 공감할 수 있는 마음의 용량이 커지도록 한다. 이렇게 점점 커지는 마음으로 다른 사람들의 삶에 고개를 끄덕이면서 함께 웃고 함께 울 수 있다.

셋째, 나에게 선생님을 만나게 해준다.

공자는 셋이 모이면 그 중에 반드시 선생이 있다고 했다. 내가 마주하는 사람들 중에 나의 선생님이 있다. 심지어 어린아이도 나의 선생님이 된다. 학교를 졸업하기 전까지만 나의 선생님이 존재하는 것이 아니다. 배움은 40이 된 나에게, 50이 될 나에게, 삶의 마감 시간 앞에 선 나에게 계속해서 선생님을 만나게 해준다.

넷째, 나에게 나눌 수 있는 장을 제공해준다.

'배워서 남 주자'라는 말이 있다. 하나님 나라에 쓰레기통이 없다는 말도 들어봤다. 대학생 시절 코스타 강의에서 들었던 이 한 문장은 나이가 들수록 내 삶 속에서 확증되고 있다. 우리가, 내가 배운 모든 것들이 주님 나라를 회복하고 확장하는데 어떤 형태로든 반드시 쓰인다. 그것이 성품이든, 개발된 은사이든, 기술이든, 경험이든, 지혜이든, 지식이든 간에 공동체 안의 다른 사람들을 위해 쓰인다. 주님께서는 그것이 타인을 위해 쓰일 수 밖에 없게 하신다. 왜냐하면 배워서 다른 사람을 위해 나누며 사는 삶이 바로 '네 이웃을 네 몸과 같이 사랑하라'는 말씀이 증거 되는 삶이기 때문이다.

다섯째, 나에게 진시황이 찾아 헤매던 불로장생의 약을 준다.

진시황은 그의 나이 47세부터 (기원전 212년) 늙지 않고 영원한 생을 누리기 위해 불로초를 찾아 헤맸다. 진시황의 신하 서복이 3000천명의 사람들과 60척의 배를 이끌고 불로초를 찾아 나섰지만, 결국 그는 돌아오지 않았고, 진시황은 돌아오지 않는 배를 기다리다 수은 중독으로 인해 삶을 마감했다.

이 세상 어디에도 영원한 젊음, 영원한 생명을 줄 수 있는 것은 없다. 어떤 의약품이나 기술도 우리에게 그것을 줄 수 없다. 오직 배움만이 우리를 도태되지 않고 계속 젊어지게 한다. 새로운 것을 받아 들이려고 노력할 때, 그 배움에 깊이를 더하기 위해 열심히 정진할 때, 뇌세포를 비롯한 몸의 모든 조직들과 마음이 젊어진다. 배우려는 자세는 나이를 불문하여 벗을 만들 수 있게 된다. 배워서 나에게 적용하고 나의 것으로 재창조하게 될 때, 나는 모든 창조된 것에 이름을 붙이는 아담처럼 창조자의 모습을 구현할 수 있다. 구태의연함 가운데 묶여있지 않고 언제든지 더 낫고 바른 것을 만났을 때를 대비하여 허물을 벗을 준비를 하고 있으니, 이 얼마나 멋진 삶의 자세인가! 진시황이 그토록 찾아 헤맸던 불로초는 바로 '배움'이었다.

이렇게 종합선물세트와 같은 배움을 어찌 포기할 수 있을까? 앞으로 계속될 나의 삶 속에 '배움'과 함께 즐겁게 동행하고 싶다.

양성금 선교사

핵심가치1 인내

인내는 정금이다

정금은 순도가 99.9%이상인 금을 말한다. 정금은 대부분 광물인 철광석 안에 존재한다. 철광석에서 여러 불순물을 제거하고 낮은 온도에서 오랜 시간 가열하는 과정을 거쳐야 마침내 정금이 만들어진다. 일반적으로 "정금을 만든다" 라는 표현은 노력, 시간, 비용 등을 들여서 무언가를 완성하거나 성취하는 것을 의미한다. 오랜 시간 열심히 노력하고 공부하면서 시간과 비용을 들여 자신을 발전시켜 나가는 것도 "정금을 만든다"라는 의미에 포함된다.

나에게 있어 인내는 중요한 삶의 핵심 가치 중 하나이다. 인내를 통해 어려운 시간을 잘 견디고 버틸 수 있었고, 인내를 통해 새로운 소망을 품을 수 있었기 때문이다. 그래서 "인내는 정금이다"

라고 표현하고 싶다. 인내의 과정은 정금을 만들어 가는 과정과 같다. 많은 불순물들을 제거해 나가는 과정을 잘 견디고 이겨 나가게 되면 비로소 순도 높은 정금으로 만들어 지게 된다.

인내라고 하면 성경에서 바로 떠오르는 한 사람이 있다. 그는 바로 욥이다. 욥은 인내의 사람이다. 인내는 그를 단단하게 만들어 주었다. 그리고 인내는 그를 더 깊은 하나님의 뜻을 알 수 있게 만들어 주었다.

보라 인내하는 자를 우리가 복되다 하나니 너희가 욥의 인내를 들었고 주께서 주신 결말을 보았거니와 주는 가장 자비하시고 긍휼히 여기시는 이시니라 (야고보서 5장 11절)

욥을 통해 보는 것과 같이 인내의 과정은 그를 더욱 성숙하게 하고, 더욱 깊어지게 하고, 더욱 하나님을 사랑하는 자가 될 수 있게 하였다. 많은 사람들의 시선과 비방 그리고 욕설, 재산과 자식을 잃는 아픔 속에서도 묵묵히 버틸 수 있었던 것은 그가 바로 인내의 사람이었기 때문이다. 많은 고통과 어려움을 버텨낸 믿음의 인내는 마침내 그의 삶을 값지게 하고 복을 누리는 자로의 삶을 살 수 있게 하였다.

나의 이름은 성금(成金)이다. 한자로 풀이하면 "정금을 만든다"

라는 뜻이다. 나의 삶 속에도 이해할 수 없고 납득이 안되는 상황들이 많았다. 늘 꼬리에 꼬리를 무는 질문이 이어지는 삶이었지만 힘든 상황과 삶 속에서도 포기하지 않고 끝까지 인내와 끈기로 버티고, 참고, 이겨 내며 지내왔다. 그 당시는 너무 힘들어 삶을 포기하고 싶을 때가 너무 많았다. 그러나 인내를 통해 나는 더욱 단단해지게 되었고, 성숙하게 되었고, 나의 삶의 정말 중요한 것이 무엇인지 깨닫게 되었다. 그리고 인내를 통해 감사와 기쁨과 진정한 행복을 맛볼 수 있었다.

다만 이뿐 아니라 우리가 환난 중에도 즐거워하나니 이는 환난은 인내를, 인내는 연단을, 연단은 소망을 이루는 줄 앎이로다 (로마서 5장 3~4절)

앞으로의 남은 날들도 끝까지 포기하지 않는 인내를 가지고 나의 삶의 여러 불순물들을 제거해 나가게 되기를 간절히 바란다. 다가오는 환난을 피하기 보다 인내함으로 즐거워하고, 인내를 통해 연단 받으며 연단을 통해 천국 소망을 계속 품게 되기를 소망한다. 그 분 앞에 서는 날 순도 높은 정금으로 나아가게 되기를 바라며 내게 주신 '성금'이라는 이름이 부끄럽지 않고 빛을 발하기를 더욱 사모한다.

핵심가치2 가족

가족은 거울이다

거울은 우리의 모습이 어떠 한지 볼 수 있게 한다. 지금의 모습 그대로를 비춰 준다. 거울은 거짓이 없다. 거울은 또한 우리의 모습을 개선하게도 한다. 더러워진 부분을 확인하면 그 더러워진 부분을 닦을 수 있고, 흐트러진 부분이 있으면 그 흐트러진 부분을 바로잡을 수 있다. 그리고 거울을 통해 자신의 모습에 대한 자기 만족과 자신감을 가질 수 있다. 이처럼 거울을 본다는 것은 우리의 모습을 세밀하게 관찰할 수 있게 하고, 표현 방식을 파악, 개선시키게도 하며, 외면의 모습을 봄으로 우리의 내면까지도 살필 수 있게 만든다.

내가 사랑하는 두 딸은 나 못지 않게 거울 보는 것을 좋아한다. 아침에 일어나자마자 바로 거울을 보는 것은 기본이고 시간이 날 때마다 시시때때로 자신을 거울에 비춰보며 머리를 빗기도 하고, 얼굴에 뭐가 묻지나 않았는지 자신의 상태가 괜찮은지 확인한다. 그뿐이겠는가? 옷을 입을 때도 샤워를 하고 나서도 그리고 춤을 출 때도 거울에 자신을 이리저리 비춰 본다. 그래서 아이들 방에 거울이 없다는 것은 상상할 수도 없다. 아이들은 자신을 들여다보며 조금씩 조금씩 성장해 가고 있다.

가족 역시 이와 비슷하다고 할 수 있겠다. 가족 구성원들과 상호작용을 하며 자신의 여러가지 모습을 볼 수 있게 만든다. 좋은 모습뿐만 아니라 더러워진 모습, 연약한 모습, 모난 부분까지도 적나라하게 보여 줄 수 있는 공동체가 바로 가족이다. 하나님께서는 우리의 연약함을 너무나 잘 아신다. 그래서 아담에게는 하와를 그리고 자녀들을 주심으로 그 안에서 서로를 보듬으며 살아 갈 수 있게 하셨다. 서로에게 영향을 끼치면서 살아가게 하셨다.

나에게 있어 가족은 정말 중요한 부분이다. 물론 나의 원 가족은 어려움이 많고 완벽한 가족이라 할 수 없지만 그래도 나는 가족이 있음으로 보호받고 가족이 있음으로 생명을 유지하며 자라올 수 있었다. 가족을 통해 새로운 세상으로 나아가는 방법들을 익히고 위로나 아래로 사람들을 대하는 방식과 방법들을 익힐 수 있었다. 때론 부모에게서, 때론 형제에게서 가족의 구성원을 통해 힘들 때 위로와 힘을 얻으며 다시 일어설 수 있었다. 가족 안에서 그들의 생각과 행동, 가치관, 습관 등을 배우고 영향을 받은 것도 많다. 그래서 가족은 가장 많이 나를 알고 나를 이해하고 나를 자라게 한 존재이다.

결혼 후 만들어진 가족 역시 나에게 큰 힘이 되었다. 나는 새롭게 꾸린 가족을 통해 더욱 성숙해지고 발전할 수 있었다. 나라는 작은 사람이 얼마나 대단한 일들을 감당할 수 있는지 실제로 보게 해 주었다. 나의 좋은 모습을 닮은 아이들을 볼 때면 너무나 행복했다.

살아갈 또 다른 힘이 아이들로부터 나오는 것을 체험할 수 있었다. 그리고 나의 부족함을 보완해주고 나를 격려해 주는 남편과 함께 하면서 나는 많은 안정을 누릴 수 있었다. 거울을 매일 보는 것처럼 가족과 매일 함께 하며 나의 삶의 모습을 이리저리 비춰본다. 여전히 부족하고 연약함이 삶 가운데 있지만 기다려주고, 참아주고, 함께 해 주는 가족이 있기에 나는 더 나은 모습으로, 더 좋은 모습으로, 더 발전된 모습으로 향하는 오늘의 발걸음을 쉬지 않을 수 있다.

핵심가치3 믿음

믿음은 동아줄이다

어렸을 적 읽었던 전래동화 '해와 달이 된 오누이'가 기억이 난다. 한 호랑이가 오누이의 엄마를 잡아먹고도 모자라 엄마 흉내를 내며 오누이마저 해하려 하였으니, 오누이는 하늘의 도움으로 해와 달이 되고 호랑이는 수숫대 위로 떨어져 수숫대를 빨갛게 물들이고 죽게 되는 내용이다. 호랑이에게 피해 달아나는 오누이의 목숨을 건질 수 있도록 하늘로부터 내려 온 것이 바로 동아줄이었다. 동아줄은 굵고 튼튼하게 꼰 줄을 말한다. 오누이는 동아줄로 인해 호랑이에게 잡아 먹히지 않고 하늘로 올라가 달님과 해님이 되어 행복하게 살았다. 어렸을 적엔 그 이야기가 얼마나 무섭게 느껴졌었는지 호랑이가 어디선가 나타나 내 뒤를 쫓아올까봐 너무도 겁이 났었다.

오누이가 절실하게 잡았던 동아줄처럼 나의 삶에도 위기의 순간에 구원의 동아줄이 되어 찾아 와 주신 분이 있다. 나는 그 위기의 순간에 동아줄과 같이 나타나셔서 구원을 허락하신 예수님을 극적으로 만날 수 있었다. 누이가 하늘로부터 내려 온 동아줄을 힘껏 잡듯, 나 또한 그 분을 절실함으로 붙잡고 모든 것을 맡기며 의지했다.

믿음은 동아줄과 같다. 동아줄과 같은 믿음은 나의 생명을 구했다. 갈 길을 알지 못하고 세상 가운데 방황하던 때, 아무도 나의 삶에 관심이 없고 도움이 되어주지 못한다고 생각되던 때, 나는 죽음의 문턱에 다가가 있었다. 믿음이란 무엇인가? 사전에는 믿음을 '믿는 마음'이라고 쓰여 있다. 그 외 믿음에 대해 많은 사람들이 명언을 남겼다. 마하트마 간디는 "믿음 없이는 인간은 아무 것도 할 수 없다. 믿음은 작은 것을 크게 만들 수 있다.", 무하마드 알리는 "믿음 없이는 불가능한 것은 없다. 믿음은 언젠가 가능하게 만든다.", 마더 테레사는 "믿음은 사랑의 언어와 같다. 사랑 없이는 믿음이 존재할 수 없으며, 믿음 없이는 사랑도 존재할 수 없다." 그리고 헬렌 켈러는 "믿음은 인간에게서 가장 중요한 성격이다. 믿음 없이는 진리나 도덕적인 행동도 불가능하다."라고 하였다. 이러한 명언들은 믿음이 인간의 삶에서 얼마나 중요한 역할을 하는지 다시금 상기시켜 준다. 믿음이 있는 삶은 삶의 방향을 잡아주고, 성취로 이끌어 준다.

믿음은 바라는 것들의 실상이요 보지 못하는 것들의 증거니 선진들이 이로써 증거를 얻었느니라 믿음으로 모든 세계가 하나님의 말씀으로 지어진 줄을 우리가 아나니 보이는 것은 나타난 것으로 말미암아 된 것이 아니니라 (히11: 1~3)

믿음이 없이는 기쁘시게 못하나니 하나님께 나아가는 자는 반드시 그가 계신 것과 또한 그가 자기를 찾는 자들에게 상 주시는 이심을 믿어야 할찌니라 (히브리서 11:6)

성경에서 믿음은 바라는 것들의 실상이라고 말한다. 현재를 살아갈 때 앞으로 되어질 것에 대한 분명한 확신이 믿음이다. 믿음을 통해 우리는 미래와 천국에 대한 소망을 기대하게 되고 지금의 어려움과 고통을 이겨 나갈 수 있다. 삶의 주권자 되신 하나님을 온전히 신뢰하고 그 분의 말씀에 순종하며 살아간다는 것은 믿음이 없이는 불가능하다. 또한 믿음은 하나님의 성품을 더욱 잘 알 수 있게 하여 그 분을 기쁘시게 하는 것이 무엇인지 알게 하는 중요한 부분이다.

"믿음은 눈으로 보이지 않지만, 실제로 있으며 믿음을 통해 우리는 하나님과 교통하며 인생을 살아갈 수 있습니다."

- C.S.루이스 (C.S. Lewis)

  C.S루이스가 말하는 믿음의 정의처럼 믿음은 눈으로 보이지 않지만, 믿음을 통해 하나님과 계속적으로 교통하며 살아갈 수 있게 한다. 믿음은 내 삶의 실재가 되어 살아갈 수 있도록 만든다. 세상에서 몰려오는 풍랑 가운데 살아가는 동아줄 되신 예수그리스도를 믿음으로 말미암아 생명과 구원을 받는 것과 동시에 하나님과 늘 교통함으로 하늘의 소망을 품고 누리는 자로 사는 삶이 그 무엇보다 중요하다.

핵심가치4 용기

용기는 엔진(Engine)이다

자동차를 움직이는 데는 엔진의 역할이 크다. 엔진은 자동차의 심장과 같은 역할을 한다. 엔진은 자동차에 필요한 동력을 발생시키는 기능을 하는 시스템이다. 엔진으로 연료가 주입되면 연료는 엔진 안에서 폭발하고 순식간에 연소가 되어 그 폭발하는 힘으로 피스톤을 밀고, 그 피스톤과 연결된 축이 회전하면서 축과 연결된 바퀴에 힘을 전달해 바퀴를 움직이게 한다.

이처럼 용기는 엔진과 같다. 용기(勇氣, courage)는 씩씩하고 굳센 기운을 말한다. 사전적인 의미로 보면 잘못된 것에 대한 위험이 마음속 생각을 통해 정해졌을 때의 숙연함이라고 말한다. 다시 말해 용기는 자신이 하고 싶거나 옳다고 여긴 일을 실천하는 마음으로 상황에 좌절하지 않고 고통, 위험, 불확실성, 협박에 직면하는 선택이자 의지라고 할 수 있다.

용기가 없다면, 어떤 계획도 진행되지 않고, 어떤 도전도 극복할 수 없다. 용기를 내는 것은 삶에서 꼭 필요하다. 인도네시아 속담에는 "용기를 내어 배를 타지 않는 사람은 결코 바다를 건너지 못한다."고 하였다. 생각만으로는 이룰 수 없다. 용기를 내어 배를 타야 한다. 그래야 바다를 건널 수 있는 것이다. 이렇듯 새로운 일을 시도하거나 불확실한 상황 가운데서도 용기를 내어 실행하면 그것은 자신을 더욱 강하게 하고 성숙하게 만들어 목표와 꿈을 이룰 수 있도록 돕는다. 그래서 용기는 목표를 달성하고 꿈을 이루는 데 필요한 동력과 에너지로서 중요하다. 용기는 또한 성장과 발전을 위한 필수적인 요소이다. 두려움과 무서움에 맞서 용기를 가지고 도전을 하면, 우리는 자신의 한계를 뛰어넘을 수 있고, 새로운 경험을 할 수 있다. 용기를 가지고 실패를 받아들이면, 우리는 더 나은 방향으로 나아가기 위해 배움과 성장의 기회를 얻을 수 있다.

태어나면서부터 우리의 삶의 모든 순간 가운데 용기가 꼭 필요하다. 우리 큰 아이의 아주 어릴 때가 떠오른다. 걸음마를 배우며 아이는 얼마나 두려워하고 힘들어했는지……. 아직 힘이 들어가지 않은 다리를 한 발자국 떼면서 넘어지고 또 한 발자국 떼면서 휘청거리며 넘어지는 것을 반복했다. 집이 아닌 바깥 도로로 데리고 나가 걸음마를 연습 시키려고 하면 아이는 더 두려워하고 무서워했다. 아니나 다를까 조금 걷다가 길바닥에 터덕하고 넘어지면 아파서 펑펑 울어대며 일어나지 않았다. 아이는 더 이상 걷고 싶어 하지 않았다. 그 때 나는 아이를 향해 손을 뻗으며 "힘을 내, 하연아~", "용기를 내 봐", "엄마에게 와 봐", "할 수 있어"라고 응원했다. 아이는 나의 응원에 힘입어 한참 후 울음을 그치고 넘어진 자리에서 일어나 "엄마~" 하고 부르며 나를 향해 몇 발자국을 더 떼며 내 품에 안겼다. 용기를 내어 다시 일어나 걸어오는 아이를 보니 내 가슴이 얼마나 벅차고, 기쁘고 자랑스러웠는지… 지금은 어떨까? 물론 지금 하연이는 두 말 할 것도 없이 걷는 것을 뛰어넘어 사방팔방 자유로이 뛰어다니며 지내고 있다.

　나는 어떠한가? 내게 용기가 없었다면 지금의 삶을 살지 못했을 것이다. 나는 부끄러움이 많고 낯을 많이 가리는 편이다. 많은 사람들 앞에서 발표를 하거나 사람들을 이끄는 리더로서 행동해야 한다는 것은 정말 내 체질에 맞지 않았다. 그런데 나는 그럴 때마다 용기를 내었다. 사람들 앞에 나아가려 노력하고, 배움을 두려워하지 않으려 노력하고, 약함을 숨기지 않기 위해 무던히 애를 썼었다. 부족하지만 더 나은 모습으로 자라나기 위해서 매번 용기를 내었다. 이 후 나는 자라면서 학교에서나 교회 공동체 그리고 직장생활 가운데 영향력 있는 자로 때론 리더로 아름답게 섬길 수 있었다.

용기는 나의 삶의 여정에서 필수적인 동력과 엔진이라고 할 수 있다. 용기는 나에게 더 나은 삶을 누릴 수 있도록 해 주며 또 불의에 맞서 가장 중요한 것을 수호할 수 있는 힘을 주었다. 앞으로도 용기를 가지고 삶의 어려움과 도전에 맞서고, 꿈과 목표를 추구하며, 새로운 경험과 배움을 쌓아 가기를 원한다. 그리고 은혜 가운데 옛사람의 모습에서 지금보다 더 나은 새사람의 삶을 누리는 자로 계속 발전해 나가기를 원한다. 그래서 오늘도 나는 내가 살아가는 삶의 현장과 내가 서 있는 자리에서 다시 용기를 내어 또 도전해 본다.

핵심가치5 사랑

사랑은 영양제이다

사랑이란 말은 언제 들어도 지나치지 않다. 우리의 삶에서 사랑을 빼놓는다면 정말 무미건조할 것이다. 사랑은 사람이나 존재를 아끼고 위하여 정성과 힘을 다하는 마음이라고 한다. 사랑은 서로를 이해하고 존중하는 것을 필요로 하며, 믿음과 신뢰를 바탕으로 지속적인 관계를 유지하는 것이다. 이러한 사랑은 인간과 인간뿐만 아니라, 동물과 인간, 자연과 인간, 신과 인간 등 다양한 대상에 대해서도 존재할 수 있다.

'사랑은 영양제이다'는 표현은 사랑이 인간의 건강과 행복에 영양을 제공하는 것과 같다는 것이다. 영양제는 일상적인 식습관에서 섭취되지 않는 영양소를 보충하기 위해서 복용한다. 영양제를 복용함으로 우리는 부족한 부분을 보충하여 더 건강하게 삶을 누릴 수 있다. 사랑이라는 것 역시 영양제처럼 일상에서 습관적으로 복용함으로 여러 스트레스를 줄이고 신체적, 정신적 건강을 증진시키는 데 도움을 줄 수 있다. 연구에 따르면, 사랑과 지지를 받는 사람들은 더 낮은 수준의 우울증과 불안감을 경험하고, 보다 긍정적인 자아 개념과 자기 평가를 가지게 된다고 한다. 또한, 사랑과 관심을 받는 환경에서 자라는 아이들은 보다 건강하게 발달하고, 강한 정서적 안정성을 가지게 된다고 한다. 따라서, 사람들이 상호작용하고 소통하는 관계에서 사랑은 심리적, 정서적 및 사회적 건강을 유지하는 데 중요한 역할을 한다.

사랑을 표현하는 방법으로는 직접적인 언어로 "사랑해~", "고마워~", "보고 싶어~" 라고 말로 표현하거나, 눈을 바라보거나, 아님 손을 잡거나 안으며 신체적으로 표현할 수 있다. 그리고 상대방을 생각하며 선물을 주면서 표현하거나 상대방을 필요한 것에 대해 서비스를 제공하는 것 그리고 시간을 함께 보내고, 취미생활이나 산책을 하며 대화를 나누며 사랑을 표현할 수 있다. 이렇게 우리는 다양한 방법으로 상대방에게 사랑을 표현할 수 있다. 개인적으로 "사랑해~"라는 말보다 손을 잡고 산책하며 대화하는 것을 좋아한다. 아마도 경상도에서 태어나서 그럴까? 말보다는 행동이 더 와 닿는다.

하나님은 사랑이시다. 성경의 핵심 단어가 있다면 바로 '사랑'이다. 사랑은 율법의 완성이며 가장 큰 계명이요, 새 계명이다.

우리가 아직 죄인 되었을 때에 그리스도께서 우리를 위하여 죽으심으로 하나님께서 우리에 대한 자기의 사랑을 확증하셨느니라 (롬 5:8)

하나님은 우리가 죄인 되었을 때부터 우리를 너무도 사랑하셨다고 하신다. 어떠한 조건이 붙는 것이 아니다. 이미 우리를 사랑하시기로 결정하셨다. 얼마나 감사한 일인가? 무언가를 해서가 아니라 우리 존재 자체로 이미 사랑하신 것이다. 이러한 사랑은 어느 곳에도 찾아볼 수 없을 것이다. 그리고 하나님은 우리를 얼마나 깊이 사랑하셨으면 그 사랑을 확증하시기 위해 자신의 아들을 이 땅으로 보내 주시고 십자가에까지 내어 주셨을까? 그분의 사랑은 우리의 생각을 뛰어넘고 우리의 상상을 초월하는 그런 사랑이다.

하나님의 사랑을 확실하게 인지한 후부터 나는 다른 사람들이 나를 사랑하고 있다는 것을 느낄 수 있었다. 그 분으로부터 나의 모든 관계는 다시 사랑의 관계로 회복될 수 있었다. 때론 내가 처한 환경이 사랑을 왜곡하게 할 때가 많다. 나는 사랑받지 못할 거라는 생각이 들 때도 많다. 그렇지만 모두가 진실이 아닌 거짓임을 확인할 수 있었다. 하나님은 나를 너무도 사랑하신다. 나를 너무도 사랑하시기 때문에 나를 부모님께 부탁하셨다. 나를 사랑하시기 때문에 나의 형제들을 주셨다. 나를 사랑하시기 때문에 나에게 함께 할 사람들을 붙여 주셨다. 나를 사랑하시기 때문에… 그 무엇과도 바꿀 수 없는 그 분의 사랑이 나를 다시 살게 하고 나를 일으키게 하였다.

'사랑은 영양제이다' 라는 것을 다시 되새겨 본다. 나는 그 분의 사랑이 없이는 아무것도 할 수 없는 존재임을 고백한다. 나는 사랑받는 자이다. 나는 매일 영양제처럼 그 분의 사랑을 먹으며 살아간다. 부족한 부분들을 그 분의 사랑으로 채워가며 살아간다. 나는 소망한다. 마지막까지 나의 영. 혼. 육이 하나님의 사랑 가운데 늘 거하기를 그리고 그 분께 받은 사랑을 늘 감사함으로 고백하며 많은 사람들에게 그 사랑을 표현하며 살아가게 되기를 소망한다.

"나의 사랑 나의 어여쁜 자야~"라고 불러 주시는 그 분의 음성에 "네~ 주님~ 저 여기 있어요~"라고 늘 기쁨으로 화답하는 사랑이고 싶다.

이영 선교사

핵심가치1 섬김

섬김은 신발이다

신발은 가장 낮은 곳에 있다. 사람이 입고 쓰는 것 중에서 가장 낮은 자리에 있다. 신발은 가장 더러운 곳과 접하고 있다. 신발이 닿는 땅은 각종 오염물이 있는 곳이다. 깨끗한 집안에 들어오면 신발을 벗는다. 그만큼 신발은 더러운 곳에 있다.

섬김을 신발이라고 한 것은 바로 섬김은 낮은 자리에 있다는 것이다. 섬김은 신발처럼 낮은 곳에 자리해야 한다. 섬김을 받는 사람은 높은 자리에 있고 섬기는 사람은 낮은 자리에 있어야만 섬길 수 있다. 그러므로 섬기기 위해서는 낮아져야 한다. 높아져서는 섬길 수 없기에 마음을 낮추어야 하고 몸을 낮추어야 한다. 자신을 드러내기보다는 낮추는 사람이 섬기는 사람이 된다.

섬김을 행할 때 신발처럼 더러운 것들을 접해야 한다. 섬길 때 마음 아프고 마음 상하는 일이 있다. 신발이 더럽고 험한 땅을 밟을 때 닳아지는 것처럼 마음도 닳아질 때가 있다. 어쩌면 마음이 찢겨지는 것은 당연한 일이다. 그럼에도 신발은 인간에게 없어서는 안 되는 것이다. 섬김도 인간 세상에 없어서는 안 되는 것이다. 신발의 역할처럼 아프고 상한 가운데 섬김도 아름다운 역할을 감당하는 것이다. 신발의 역할이 무엇인가를 살펴본다.

첫 번째, 신발은 발을 보호해준다.

발이 닿는 땅은 평탄한 길만 있는 것이 아니라 굴곡지고 울퉁불퉁하고 돌과 자갈이 있다. 평탄한 땅이라 할지라도 맨발로 걸을 수는 없다. 신발이 있어야만 평탄한 길에서도 발을 보호한다. 어떤 길이나 땅에서든지 신발이 발을 보호하는 것처럼 섬김도 인간을 보호하고 이 세상을 보호한다. 이 세상은 굴곡진 세상이다. 죄가 있고 악이 있고 슬픔과 아픔이 있는 곳이다. 이런 세상에서 인간을 보호하는 것은 섬김을 통해서다. 섬김은 사람들을 세워주고, 사람들의 필요를 채워준다. 섬김은 사람의 마음도 따뜻하게 해준다. 섬김은 사람이 안정감을 가지고 살 수 있도록 보호해준다.

그러므로 섬김이 없는 세상은 존재할 수 없는 세상이다. 세상에는 서비스 업종이라는 것이 있다. 섬김을 통해 일하는 직업이다. 인간 세상에 서비스가 없으면 세상은 돌아갈 수 없다. 신발이 세상을 살아가게 하는 원동력과 힘과 보호가 되는 것처럼 섬김은 이 세상을 살아가는 윤활류가 된다. 세상을 아름답게 하는 중요한 덕목이다.

두 번째, 신발은 인간이 활동을 하게 한다.

누군가 인간은 걷기 위한 존재로 만들어졌다는 말을 했다. 걷기 위해서는 신발이 필수적이다. 그만큼 신발이 없으면 살 수 없는 것이다. 신발이 없으면 어떤 활동도 못한다. 신발 없이 살 수 없는 삶, 즉 신발은 인간이 살아가는데 필수적인 것이다.

섬김도 사람들을 활동하게 한다. 섬기는 사람도 섬김을 받는 사람도 섬김을 통해서 삶을 나눈다. 행동하면서 삶을 주고받는다. 섬김이라는 것을 통해서 일을 하고 살아갈 기반을 마련한다. 신발이 없이는 활동을 못하는 것처럼 섬김이 없이는 인간 삶의 기본 활동이 없어진다.

세 번째, 신발은 용도에 맞아야 한다.

대학생 때 등산화를 신지 않고 운동화로 설악산을 오른 적이 있다. 그때 당시에는 등산화의 개념이 별로 없었다. 운동화의 바닥이 부드러워 발바닥을 보호할 수 없었다. 발바닥이 까지고 아파서 더이상 등산을 진행할 수 없을 만큼 고생을 한 적이 있다. 등산화가 참 중요하다는 것을 깨닫는 경험이었다. 만약 사람이 달리기를 한다면, 등산화를 신고 달릴 수는 없다. 달리기에 적합한 신발을 신어야 한다. 운동 종목마다 각기 다른 신발(운동화)이 있다. 때와 장소에 따라 신어야 할 신발이 다 다르다.

섬김은 신발과 같다. 섬김은 은사에 따라 해야 한다. 가진 은사로 섬김을 해야 한다. 가진 은사를 사용하여 사람들을 섬겨야 한다. 가진 은사를 묵혀서는 안 된다. '재능기부'라는 문화가 있다. 재능이 있으면 기부하는 것인데, 이것이 바로 섬김이다. 잘할 수 있는 것으로 섬길 때 효율적인 섬김이 된다. 잘할 수 있는 것으로 사람들이 필요한 것에 사용하는 것이 섬김이다,

네 번째, 신발은 세상에 만족과 행복을 준다.

나는 등산을 가기 위해 준비하면서 등산화의 끈을 동여맨다. 등산화의 끈을 단단히 매야만 산을 오르고 내릴 때 미끄러지지 않는다. 미끄러지지 않아야 다치지 않고 즐거운 등산을 할 수 있다. 끈을 매면서 산을 오를 것을 생각하면 절로 기분이 좋아진다. 끈을 매는 것이 즐거운 것인지, 등산을 하는 것이 좋은 것인지는 구분이 잘 안 되지만, 끈을 매는 순간에 짜릿한 감정은 마음에 행복감을 준다. 신발을 잘 사용하는 것이 기쁨을 주는 것처럼 섬길 때 기쁨이 있다. 흔히들 섬김은 힘든 일이라고 생각한다. 손해보는

일이라고도 한다. 다른 사람의 밑에 지배 받는 것이라고 생각한다. 종이 되는 일이라고도 생각한다. 그러나 섬김은 그 반대다. 낮아짐으로 높아지는 것이다. 힘든 중에 기쁨을 누리는 것이다. 흘리는 한 방울의 땀을 통해 희열과 만족감을 느낄 수 있는 것이다. 종이 될 때 하나님은 주인이 되도록 만드신다. 섬김은 우리에게 불행이 아니라 만족과 행복을 준다.

인자가 온 것은 섬김을 받으려 함이 아니라 도리어 섬기려 하고 자기 목숨을 많은 사람의 대속물로 주려 함이니라 (막 10:45)

우리 주님은 그때 당시에 종들만이 하는 제자들의 발을 직접 씻기셨다. 제자들의 허기진 배를 채우기 위해서 손수 밥을 지으셨다. 이런 것으로 모범을 보이신 예수님을 따라 섬김의 삶을 사는 것이 예수님을 닮아가는 것이기에 나는 섬기는 사람이 되고 싶다.

핵심가치2 감사

감사는 생각이다

감사는 생각의 문제다. 감사는 환경의 문제가 아니다. 감사는 조건 때문에 감사하는 것이 아니라 감사는 생각하기에 달려 있다는 것이다. 좋은 형편일지라도 감사의 생각이 없으면 감사하지 못하고 좋지 않은 입장일지라도 감사의 생각을 가지면 감사할 수 있으며, 모든 것이 감사의 조건이 된다는 것이다.

성경은 범사에 감사하라고 하였다. 모든 일에 감사의 마음을 가지라는 것이다. 그러므로 비록 고난과 어려운 가운데 있다고 하더라도 감사해야 한다. 하나님께서 명령하신 말씀이기 때문이다. 또한 범사에 감사하는 것은 바로 하나님의 자녀들은 하나님께 만족하기 때문이다. 하나님께서 그의 자녀들에게 적절하게 모든 것을 좋은 것으로, 은혜로 주시기 때문에 만족해야 하는 것이다. 하나님께서 주신 고통도 은혜 가운데 주시는 것이다. 하나님은 그의 자녀들에게 고통을 주시지만 고통으로 끝나지 않게 하시고 반전의 역사를 이루신다. 하나님의 자녀는 반전의 역사가 아닐지라도 감사해야 한다. 그것은 고통을 주실 뿐 아니라 고통을 견디게 하시기 때문이다. 견딜 힘을 주신 하나님의 그 도우심만으로도 감사해야 하는 것이다.

나의 감사는 조건적인 감사가 아니라 범사의 감사가 되기를 원한다. 그래서 나만이 아니라 모든 그리스도인이 그러겠지만 기도의 첫 소절이 하나님께 "감사합니다"이다. 조건에 상관없이 감사하고 하나님께서 베푸신 은혜와 사랑에 대해 감사하는 것이다.

그렇게 감사하며 사는 인생이 되길 바라기에 나의 핵심 가치는 감사다. 나의 기도의 첫 내용이 감사이며, 모든 것에 감사할 수 있기를 바라기에 감사는 조건이 아니라 내 마음가짐이다.

정승환 작가는 『나에게 고맙다』에서 다음과 같이 말한다.

"내가 누리는 것들이

어떻게 생각하느냐에 따라

어둠이 빛으로 바뀌고

슬픔이 환희로 변하며

고독이 행복으로 뒤집어지는 경험으로 하게 될테니까요."

인터넷에서 퍼온 글이다.

"오스트리아 출신 정신과 의사인 빅터 프랭클은 아우슈비츠의 갖은 고문에도 살아남아 『죽음의 수용소에서』라는 책을 남겼습니다. 그는 약 400만 명이 학살당한 수용소에서 살아남을 수 있었던 방법으로 '생각'을 꼽았습니다. 교도관은 수감자의 모든 행동을 통제했습니다. 그뿐만 아니라 소름 끼치는 고문을 하고 때로는 음식을 주지 않아 고통스럽게 만들었습니다. 하지만 그는 알고 있었습니다. 교도관도 자신의 생각만큼은 결코 통제할 수 없다는 사실을 말입니다. 그는 고통스럽고 버티기 힘들 때마다 '왜 나를 이렇게 통제하는 거야!'라고 분노하는 것이 아니라 '당신들은 나의 생각을 통제할 수 없어'라고 사고를 전환하였습니다. 생각을 바꿈으로써 그는 답답하고 고통스러운 수용소 생활에서도 삶의 희망과 행복을 찾을 수 있었던 것입니다. 우리의 삶에서 부정적인 생각은 우리에게 나쁜 영향을 끼칩니다. 어려운 상황에서도 긍정적으로 생각하려 노력한다면 삶은 새로워질 수 있습니다."

생각이 감사하면 모든 것은 감사하지만 생각이 감사치 못하면 감사해야 할 것도 감사치 못하게 되는 것을 되새기며 감사의 마음으로 살아가기를 다시 한번 생각해본다.

오늘도
삶의
노래를 쓴다

제 3 장

◆

주님과
더욱 가까이
- 영성일기

양성금 선교사

영혼의 바리게이트

아침부터 며칠째 이어지고 있는 세네갈 내의 시위와 대규모 대모로 문 밖을 자유로이 다니지 못하고 있다. 도로 곳곳에서 검은 연기가 피어 오르고 타이어를 태우는 퀴퀴한 냄새가 코를 찌른다. 언론 매체에서는 세네갈의 청년들이 거리로 뛰어나와 화염병을 던지고 거리의 차들을 불태우며 행진하는 모습을 계속적으로 방영하고 있다. 아무것도 뵈는 것 없이 질주하는 성난 청소년과 청년들은 이러한 틈을 이용해 세네갈 주재 외국계 회사들을 약탈하고 주유소, 대형슈퍼들을 타겟으로 방화를 저지르고 있다. 거리에선 선량한 시민들을 상대로 날치기를 일삼고 위협하며 가지고 있는 물건을 빼앗기도 한다. 계속 격해지는 시위와 더불어 이미 전국적으로 수십 명의 사망자가 발생하였고 수백명이 시위대가 체

포되었다.

이런 시위와 대모의 중심에 우스만 송코(Ousmane Sonko)라는 사람이 있다. 그는 세네갈 야당의 정치가이자 현재 세네갈 남부 지겐쇼르 지역의 시장이기도 하다. 그는 2019년에 대통령 후보로 출마한 이력이 있고 현 정부와 현 대통령의 정치에 대해 반하는 이념으로 정치 활동을 하는 사람 중 하나이다. 우스만 송코는 민족주의 운동을 하며 '국민 운동 23 June'이라는 정치 단체를 이끌어 청소년과 청년들의 지지를 많이 받고 있다.

우스만 송코는 코로나 펜데믹으로 인한 경제적인 문제와 더불어 자신을 음해하려는 정부의 부당한 판결에 대해 그의 지지자들과 함께 전국 곳곳에서 계속적으로 반정부 대규모 시위와 대모를 강행하고 있다. (그의 혐의는 한 마사지 숍의 직원을 성폭행하고 살인하려 한 사건과 세네갈 관광부 장관에 대한 공공 모욕 및 명예 훼손 사건으로 징역 6개월의 집행유예와 2억만 세파의 손해배상액을 지불하라는 판결을 받은 상태이다.)

아이들이 다니는 미션스쿨(MK학교)에서는 국가적으로 비상상태임을 알리고 학교 정문을 폐쇄하고 얼마 간의 휴교를 통보하였다. 세네갈 주재 한국 대사관 역시 한인들에게 안전 공지 사항의 메시지를 계속적으로 업데이트 해 올려주며 당분간 외출을 자제하고 집안에 머무를 것을 신신당부하였다. 우리가 거주하는 다카의 안마리스트 지역은 아직까지 큰 문제는 없지만 며칠 전부터 곳곳에 경계를 두어 바리 게이트를 이곳저곳에 설치하였다. 앞으로 있을 대규모 시위를 대비하자는 것이다. 거리가 삼엄하고 모두가 긴장상태에서 숨을 죽이고 있다. 집에 있지만 외부에서 들려오는 소식으로 인해 걱정과 근심이 불쑥불쑥 올라오면서 불안한 맘이 엄습해 온다.

우스만 송코의 범죄가 진실인지 아닌지 그리고 지금의 여당이 정의를 구현하고 있는지 나로서 정확히 알 수는 없지만 현정부와 야당 세력 간의 다툼이 전 국민을 대상으로 퍼져 나가고 있는 모습을 직면하니 마음이 아프고 답답하다. 결국 희생되는 것은 국민들이지 않겠는가?

세네갈은 서부 아프리카에서 정치적으로 안정이 보장된 곳으로 분류된다. 그동안 독재와 다툼 보다 평화를 유지하려 애쓰는 나라였는데 지금의 상황은 그렇지 않다. 곧 터질 것 같이 달궈진 압력솥처럼 추를 흔들며 이리저리 소리를 높이며 터트릴 준비를 하고 있는 모습이다. 아프리카 내 다른 나라들을 살펴보면 자의 든 타의 든 간에 작은 분쟁으로 시작된 것이 걷잡을 수 없이 커져 결국 자국 스스로 해결을 하는 데 어려움을 겪는 경우를 많이 보게 된다. 왜냐하면 아프리카 내의 정치는 성숙보다 정권을 쥐게 되면 독재 정치로 퇴색되는 경우가 많기 때문이다. 지금까지의 세네갈도 쉽지 않은 가운데 흘러왔다. 이 시기를 모두가 지혜롭게 잘 이겨 나가기를 간절히 바라며 두려움을 넘어 하나님의 얼굴을 구해본다.

하나님은 이 상황 가운데 우리를 두신 이유가 무엇일까?

우리는 자국인이 아니라 외국인으로 이들을 향해 어떤 영향을 줄 수 있을까?

불안함을 뛰어 넘어 하나님께서 우리에게 원하시는 것은 무엇일까?

이런 상황을 생각하며 마음으로 집중하고 있는데 하나님께서 디모데전서 2장 1~4절 말씀을 묵상하게 하셨다.

1 그러므로 내가 첫째로 권하노니 모든 사람을 위하여
   간구와 기도와 도고와 감사를 하되

2 임금들과 높은 지위에 있는 모든 사람을 위하여 하라 이는 우리가
   모든 경건과 단정함으로 고요하고 평안한 생활을 하려 함이라

3 이것이 우리 구주 하나님 앞에 선하고 받으실 만한 것이니

4 하나님은 모든 사람이 구원을 받으며 진리를 아는 데에 이르기를
   원하시느니라

하나님께서는 내가 할 수 있는 것을 말씀을 통해 알게 하셨다.

지금의 상황을 뛰어넘어 나로 하여금 세네갈의 모든 사람들과 위정자들을 위해 기도할 수 있는 마음을 주셨다. 두렵고 떨리는 지금의 상황을 우리의 힘으로는 해결할 수 없지만 하나님께서는 이 모든 상황을 아시며 가장 강력한 해결자가 되어 주시는 분이심을 신뢰할 수 있게 하셨다. 97%가 무슬림인 이곳 세네갈에서 선교 사역은 쉽지 않다. 많은 복음을 전하는 자들이 육체의 질병과 어려운 상황으로 인해 희생되었다. 그럼에도 불구하고 이 땅을 위해 선교사들이 계속해서 들어올 수 있도록 비자가 여전히 열려 있음에 감사하다. 하나님께서는 이전부터 세네갈을 사랑하시고 이 땅 가운데 하나님의 역사를 쓰고 계신다.

다시 말씀 앞에 복음의 눈을 들어 영혼의 바리 게이트를 치고 이 땅의 어떠함과 이 땅의 필요를 위해 중보함으로 하나님께 나아간다. 세네갈과 위정자들을 위해, 그리고 세네갈의 죽어가는 영혼과 모든 사람들을 위해 두 손을 모아 영적인 힘을 보태 본다. 그들이 외치는 소리 가운데 참 진리를 깨닫게 되고 참 진리 되신 하나님을 만날 수 있기를 바래 본다. 현 대통령인 마키살과 야당대표인 우스만 송코 그리고 세네갈 위정자들이 진정 국민을 위하여 올바른 선택과 섬김을 할 수 있기를 간절히 기도한다.

그들의 마음과 눈과 귀를 열어 주셔서 시위를 하는 자들이 무엇을 향하여 그들의 소리를 높이고 있는지, 헌병대들이 무엇을 위해 자기의 역할을 감당해야 하는지 깨닫게 되기를 바란다. 그들의 마음 가운데 가득 찬 분노가 빠지고 사랑과 온유와 화평이 가득해지기를, 이 땅에 하나님의 평화와 평안이 속히 임하기를, 이 땅에 그리스도의 계절이 속히 오기를 간절히 바라며 그 분께 이 시간 나의 시선을 고정시킨다.

윈로이스 선교사

보라 형제가 연합하여 동거함이 어찌 그리 선하고 아름다운고 머리에 있는 보배로운 기름이 수염 곧 아론의 수염에 흘러서 그의 옷깃까지 내림 같고 헐몬의 이슬이 시온의 산들에 내림 같도다 거기서 여호와께서 복을 명령하셨나니 곧 영생이로다 (시편 133편)

'코이노니아' - 23. 06. 01.

'다차'에서의 점심을 위해

아침에 하늘을 연신 쳐다보고 네이버 일기를 몇 번이고 눌러 보아도 오늘 비가 올 것은 분명했다. 이틀 전 고기에다 양파를 갈아 양념을 해서 잘 숙성해 놓았다. 어제는 10명이 먹을 상추를 텃밭인 '다차'에서 뽑아 씻어 놓고 수박, 참외 등 과일과 음료수 등을 준비했다. 특별히 일회용 컵을 싫어하는 분이 계셔서 사기 컵을 인원수대로 사고 마트에 가서 배추를 산 후 큰 냄비에 육수를 내어 배추된장국을 끓여 놓았다.

나의 가정을 포함한 4가정이 연해주 '우수리스크'의 한 '다차'를 가정 당 나눠서 일구고 있다. 며칠 전부터 오늘, 솔로인 남성 두 명을 포함한 10명이 다 함께 모여 '다차'에서 점심을 먹기로 하였다. '다차'는 도심 외곽에 따로 별장 같은 곳이다. 예전에는 신청만 하면 무상으로 정부에서 200제곱미터의 땅을 분배해줘서 스스로 집을 만들고 텃밭을 가꾸며 가족이 함께 일구었다. 칸칸이 붙어 있기 때문에 옆집의 다차를 한 눈에 볼 수 있다. 러시아인들의 다차에는 대부분 튤립, 들국화 등 알록달록한 꽃과 함께 작물을 키우기 때문에 다차 입구에 들어서면서 우리 다차에 가기까지 알록달록한 다른 이의 다차를 보는 것만으로도 즐겁다.

우리 '다차'에 도착하니 일행 중 한 가정이 손님맞이를 위해 어제부터 아담한 화단 두 칸을 만들어 놓더니, 오늘은 장터에서 여러 가지 꽃을 사다가 문 앞 화단에 심어 놓았다. 입구부터 화사했다. 여느 다차가 부럽지 않을 정도로 뿌듯했다.

한 마음으로 주를 찬양

한 자리에 다 모인 우리들은 피목으로 만든 테라스에서 기타에 맞춰 찬양을 하며 예배를 드렸다. 누구나 할 것 없는 간절한 기다림의 시간이었다. 긴 겨울을 지내고 하루 속히 따뜻한 봄날이 되면 함께 기타소리에 맞춰 찬양을 목청껏 부르고 싶었기 때문이다. 주시할 것 없는 허름한, 금방이라도 쓰러질 듯 낡고 오래된 집이지만 한 마음으로 주의 임재 안으로 들어가고픈 마음들이었다.

비가 온다는 불안한 일기 예보 소식에도 모임을 미룰 수 없었다. 시작했을 때만 해도 바람이 살랑살랑 불어 왔었다. 그런데 어느새 화창한 햇살이 점점 강하게 테라스를 비추고 있었다. 청정한 공기 속에서의 햇살은 이미 돌 팬이 뜨거울 정도였다. 강한 햇볕이 우리 몸을 쪼이고 있었고 예배는 계속되었다. 이어 식탁 교제로 고기를 구웠고 싸온 과일과 후식으로 이 시간을 마무리 했다. 남은 음식과 과일들을 모두 각 가정당 형편에 따라 나눴다. 우리는 주님이 베푸신 오병이어의 사건 중 "남은 것이 없게 하라"는 말씀을 떠올리어 모든 것을 버림이 없게 했다. 짐을 챙기고 마칠 즈음, 탁자에 한 두 방울 떨어지는 비를 보았다. 하늘에 검을 구름이 생기는 가 싶더니 후두둑 굵은 빗방울이 떨어지고 이내 찬바람이 불고 강한 소나기가 다차를 내리치고 있었다. 그간 농부에게 간절히 기다리던 비였다. 요즘 모종을 다 심어 놓았는데 흡족할 만한 비가 오지 않아 물을 다른 곳에서 길러 와야 했었다. 우리에게 우물이 없기 때문이다. 비를 피하기 위해 급히 농막으로 들어와 앉은 우리들은 '아름다운 예수'를 찬양하며 신실하신, 작은 것이라도 우리의 신음소리를 들으시는 주님께 감사하며 아름다운 주를 찬양하였다. 감사한 주의 은혜이다.

이영 선교사

요나단과 사울의 죽음

사울 왕은 악한 사람이었다. 악령에 사로잡힌 자였다. 감정에 따라 살았던 사람이었다. 자기중심적인 사람이었다. 욕심이 과한 사람이었다. 그는 당연히 나쁘고 잘못된 행동을 보였다. 사람들을 괴롭혔다. 공격했다. 감싸주기보다는 흠을 내기를 바랐다. 긍휼보다는 모진 마음을 가졌다. 이에 비해 그의 아들이 요나단은 좋은 사람이었다. 선한 사람이었다. 의를 따라 살았던 사람이었다. 하나님을 경외하는 사람이었다. 긍휼함이 풍성한 사람이었다. 억울한 친구 다윗을 감싸주고 살려주고자 하였다. 신의를 지키는 사람이었다.

　이 두 사람은 전쟁터에서 함께 죽었다. 최후의 결과는 똑같았다. 요나단의 죽음이 더 비참했다. 왜냐하면 젊은 나이에 죽었기 때문이다. 많이 살아보지도 못하고 전쟁터에서 죽었으며, 억울하게 죽었기 때문이다. 사울 왕은 그의 죄로 죽었다고 성경은 분명히 말하고 있다. 그런데 요나단은 죄로 죽은 것이 아니다. 선하게 살다가 악한 아버지보다 더 억울하게 죽은 것이다. 선인이나 악인이나 죽음의 비참한 모습은 겉으로는 똑 같았던 것이다.

죽음 하나만 생각하면 요나단은 불행한 사람이다. 그러나 죽음이라는 최후의 모습이 요나단의 참모습이 아니다. 요나단의 참모습은 그가 생전에 어떻게 행했느냐에 있다. 그의 삶이 바르고 옳았느냐에 있다. 비참하게 죽었다고 해서 그가 불행할 뿐 아니라 비참한 인생이라고 할 수 없다는 것이다. 요나단에 대한 평가는 이미 그의 평소의 삶으로 결정이 났다. 죽는 순간의 상태로 그를 평가하는 것이 아니라는 것이다. 그의 아버지 사울은 어떤가? 사울은 죽음이 비참했다. 그의 평소의 행동과 일치된다. 즉 잘못 살았기에 비참한 죽음으로 벌을 받은 것이다. 오늘날 누가 비참하게 죽으면 벌을 받아서, 잘못 살아서 그렇게 죽었다고 말한다. 누가 실패하면 그 사람이 잘못을 했기에 실패했다고도 말한다. 그러나 꼭 그렇지만은 않다는 사실을 사울과 요나단을 통해서 알 수 있다. 사울의 경우는 잘못했기에 비참하게 죽었지만, 요나단의 경우는 그렇지 않다는 것이다.

한 사람에 대한 평가는 결과로 나타나지 않는다. 죽음의 모습으로도 나타나지 않는다. 평소에 어떻게 살았느냐로 나타난다. 행동을 어떻게 했으며, 어떤 마음으로 살았느냐가 그 사람에 대한 바른 평가다. 선하게 살았음에도 불구하고 비참한 결말과 죽음을 맞았다고 하더라도 그 죽음 때문에 그 사람을 악한 사람으로 평가해서는 안 된다. 우리의 사람 됨됨이는 이미 결정되었다. 오늘 어떻게 살았느냐 하는 행동으로 우리의 참모습은 결론이 났다. 그러므로 결과로 사람을 평가하지 말고 오늘 어떻게 살고 있느냐로 평가해야 한다.

또 한 가지는 행동에 대한 자기 책임이 중요하다는 것이다. 다른 사람에 의해서 자신의 책임을 전가할 수 없다는 것이다. 요나단은 악한 사울의 아들이었지만 선한 사람이 될 수 있었다. 그것은 자신의 삶에 대한 책임을 바로 이행했기 때문이다. 반면에 사무엘의 아들들은 좋은 아버지를 두었지만, 자신의 책임을 다 감당하지 못했기에 악한 아들들이 되었다. 남에게 책임을 전가할 수 없다는 것이다. 아버지가 선했다고 아들이 선할 수만은 없다. 아버지가 악했다고 아들도 악할 수만은 없다. 자신의 책임이 우선이다. 즉, 나는 아버지와 환경이 안 좋아서 이렇게 되었다고 말하면 안 된다는 것이다. 환경이 안 좋아 공부하지 못했다고 해서는 안 된다. 아버지가 술주정뱅이어서 아들이 다 술주정뱅이가 되는 것이 아니다. 아버지가 목사라고 해서 아들이 다 좋은 목사가 될 수는 없다. 모두가 자신의 책임이다. 적어도 그리스도인이라면 그런 책임감을 가지고 살아야 한다. 물론 주변의 환경과 부모의 영향력을 무시하거나 과소평가하는 것은 아니다. 그런 환경이 중요하다. 그러나 그리스도인이라면 안 좋은 가정과 환경 때문에 자신의 운명을 한탄하거나 핑계해서는 안 된다는 것이다.

또한 부모는 부모 대로 자식에 대한 자신의 책임을 다해야 한다. 그 결과가 비록 잘못된다면 그것은 자식의 책임이다. 각자의 책임, 부모로서의 책임, 자식으로서의 책임, 자신에게 주어진 고유한 책임을 자신이 져야 하는 것이다.

오늘도
삶의
노래를 쓴다

제 4 장

◆

주님께서 주신
비전을 이루며

사역지 이야기

사역 이야기

박혜정 선교사

독특한 알바니아 문화 이야기

"알바니아가 어디에 있어요?" 이름도 생소하고 어디에 위치해 있
는지조차 알지 못하는 사람이 태반인 나라가 바로 '알바니아'이
다. 공산주의 통치 시절 동안 그 존재를 드러내지 않아 유럽의 숨
겨진 진주라고 불리우는 알바니아. 이제 그 진주가 실체를 드러내
고 있다. 많은 사람들이 궁금해 하면서 찾는 이 곳, 알바니아에 대
해 필자의 경험과 알바니아 문학의 거장 이스마엘 카다레의 작품
을 통해 알바니아의 몇 가지 특징적인 문화를 소개하고자 한다.

모든 신의 축복이 이곳에!

"마샬라 !"

"알라의 축복이 있기를!"

제네쎄 할머니는 인형처럼 보이는 어린 동양 여자아이인 우리 막내를 보실 때마다, 자신의 이마와 코에 손바닥을 살짝 갖다 대시면서 이 말로 아이를 축복해 주셨다.

할머니는 내가 살고 있는 아파트 4층에 사셨다. 가톨릭 신자이셨는데, 터키의 지배를 500년 동안이나 받아서 형성된 이슬람 문화의 영향 때문인지 나의 자녀들을 만날 때마다 "마샬라!" 라고 축복해 주셨다. 나는 그 때마다 "Lavdi Zotit!" (하나님을 찬양합니다!) 라고 응답했다.

알바니아는 약 60퍼센트의 이슬람교와 10퍼센트의 카톨릭교, 7퍼센트의 정교회가 혼재되어 있다. 서로간의 종교를 인정하면서 큰 마찰 없이 평화롭게 지낸다. 이런 모습은 발칸 반도의 여러 나라들과는 대조적이다. 이슬람교와 정교회, 이슬람교와 카톨릭, 정교회와 카톨릭 간의 분쟁과 미움은 종종 국가간 갈등의 원인이 되기 때문이다. 종교 간의 분쟁으로 발칸반도는 세계의 화약고라고 불렸다. 하지만 알바니아는 세계 최초의 무신론 국가라는 지독한 수정주의 공산주의를 겪으면서 기독교와 이슬람교의 씨를 말리기도 했다. 공산주의 체제가 무너지고 민주주의가 수립되면서 종교는 다시 부활했지만, 기독교인이 이슬람교 문화를 따른다든지, 이슬람교도이면서도 토착전통신앙을 갖는다든지 하는 이중적인 종교 형태를 띠게 되었다. 사도 바울이 복음을 전하던 에그나티아 길이 알바니아를 관통하고 있지만 오스만 투르크의 약 5백년 동안의 지배하에 있으면서 높은 세금과 생명유지를 위해 대다수의 국민들이 이슬람교로 개종할 수밖에 없었다.

엔베르 호자가 지배했던 40여년의 공산주의 시절(1946~1992) 동안 수많은 종교지도자들이 처형당했고, 수많은 교회와 사원이 불태워졌다. 호자는 "알바니아인들의 유일한 신앙은 알바니아주의다." 라는 작가 파쉬코 바사(Pashko Vasa)의 글을 인용하면서 알바니아에서 종교가 뿌리 뽑히도록 국민들을 선동했다. 종교 말살 정책으로 인해 핍박 받던 그 시절, 이슬람교도와 기독교도들은 감시의 눈을 피해 서로 도와주었다고 한다. 그래서인지 지금도 이들 종교는 서로 평화를 유지하고 있다.

이런 다종교평화주의는 자본주의와 세속주의의 거대한 파도 속에서 '다원주의'를 형성했다. 많은 알바니아인들은 신은 결국에 하나라고 생각한다. 각자의 개성이나 취향에 따라 그 표현 방법이 다를 뿐이라고 여긴다. 이는 종교를 전파하는데 큰 걸림돌로 작용한다. 각 종교의 선교사들이 다른 나라보다 훨씬 손쉽게 종교비자를 얻어 체류하고 있지만, 전도와 제자양육에 큰 어려움이 있는 실정이다.

평화롭게만 보이는 종교간의 화합 속에서 결국 어떤 신도 참신이 될 수 없는 것처럼 느껴진다. 서로를 인정하는 것처럼 보이지만 결국 서로의 믿는 바를 인정하지 않는 것이나 마찬가지다. 서로의 삶에 간섭하지 말라는 우회적인 표현이기도 하다.

신을 갈망하고 세상의 이치와 존재의 실마리를 찾고 싶어하는 알바니아 사람들의 마음 속에 깊이 숨겨져 있는 그 한 단어를 찾아내길 간절히 소망하면서 오늘도 알바니아 사람들과 마샬라!(알라의 축복이 있기를!) 라브디 조틴! (하나님께 영광을!)이라며 인사한다.

한국식 情? 알바니아식 情!

제네쎄 할머니는 먼저 우리에게 다가와 주셨다. 5년전, 우리 가족이 지금 살고 있는 아파트 9층에 자리잡았을 때, 아파트의 많은 이웃들은 우리를 호기심 어린 눈으로 바라봤지만 우리에게 쉽게 다가오지는 못했다. 동양인이 한 명도 없는 동네에 갑자기 중국인(?!)이 출몰했기 때문이다. 긴장감으로 동네 사람들 무리에 섞이지 못하는 우리에게 제네쎄 할머니는 구세주 같은 존재였다.

할머니는 매일 손자손녀를 등교시키셨고, 나도 두 아들들을 매일 학교까지 바래다 주었다. 등하굣길마다 만났던 할머니께서는 늘 먼저 인사해 주셨고, 따뜻한 미소를 전해 주셨다. 키도 크시고 마른 체형이셔서 꼭 나의 친할머니처럼 느껴지기도 했었다. 그래서 나도 할머니께 쉽게 마음을 열 수 있었다.

할머니는 막내를 볼 때마다 늘 번쩍 안아주셨다. 곁에 있던 나는 할머니가 다인이 때문에 넘어지시지는 않을까 걱정이었다. 할머니는 나에게 알바니아어 배우는 것에 대한 고충도 물어봐 주셨다. 떠듬떠듬 몇 마디 할 수 없을 때도 할머니는 친절하게 미소로 나를 받아 주셨다. 매일 아침마다 할머니와 알바니아어로 대화하는 것이 좋았다. 할머니를 만나지 못하는 날이면 무슨 일이 있으신가, 편찮으신가 걱정이 되기도 했다.

할머니와의 만남 중 기억에 남는 날이 있다. 알바니아에 큰 지진이 일어난 2019년 9월 말 쯤의 어느 날이었다. 한가로운 토요일 오후였는데, 우리 식구들은 큰 아이가 과학 시험을 잘 본 것을 축하하기 위해 집 앞 스파게티 집에서 거하게 점심을 먹었다. 배도 부르고 기분도 좋고, 이제 집에 가서 쉬자며 발길을 집으로 돌렸다. 배불리 먹은 아이들이 화장실을 번갈아 가면서 차지한 후에 나는 두 살배기 딸을 씻겼다. 그런데 그 때 갑자기 화장실이 통째로 흔들리기 시작했다. 우리 집이 아파트의 복도 맨 끝인데 좌우로 휘청휘청 흔들리니 정신이 하나도 없었다. 흔들림이 멈췄을 때 서둘러 밖으로 대피했다. 알바니아 사람들도 그런 지진을 30년만에 겪은 터라 모두 밖으로 쏟아져서는 울고 불고 난리가 아니었다. 나도 황망한 마음을 겨우 참고 나왔는데 제네쎄 할머니와 딸

마주쳤다.

나는 할머니를 보자마자 바로 울음을 터뜨렸다. 그런 나를 할머니께서는 꼭 안아 주셨다. 내 등을 쓰다듬어 주셨다. 할머니도 놀라셨는지 같이 부둥켜 안고 울었다. 그렇게 몇 초간 짧고 굵게 울고서는 결연한 표정으로 힘 내자는 눈빛을 주고 받고는 각자의 아이들을 챙겼다. 할머니께서 그 때 나를 꼭 안아 주셔서 정신 차리고 세 아이를 잘 챙길 수 있었다. 그리고 그로부터 몇 달 뒤에 다시 찾아온 강도 6.5의 지진 속에서도 침착할 수 있었다.

알바니아에 오기 전에 '테이큰'이라는 미국 영화를 봤다. 마피아와 인신매매로 알바니아에 대한 인상이 아주 안 좋게 남겨져 있었다. 그런데 막상 여기 와서 살아보니까 물론 마피아와 인신매매를 업으로 삼은 사람들도 있지만, 정 반대로 사는 따뜻한 사람들이 더 많았다. 情문화는 한국에만 있는 줄 알았다. 알바니아는 유럽에 있으니 보통 서양 사람들처럼 냉정하고 개인주의적일 것이라고 생각했다. 그런데 나의 그런 생각이 보기 좋게 틀렸음을 제네쎄 할머니께서 확인시켜 주셨다.

손님을 귀하게 여기고 대접하는 한국의 사랑방 문화처럼 알바니아에도 알바니아식 정情문화가 있다. 이스마일 카다레의 『부서진 사월』에서 그는 손님을 신성한 존재로 神과 동격으로 묘사하고 있다. 아버지와 형제의 피의 회수는 연기될 수 있지만 손님의 피는 바로 회수되어야만 했다고 한다. 손님이 어떤 잘못을 하든, 그에 의해서 집안 전체가 피의 복수에 휘말리더라도 손님의 탓을 하지 않는다. 손님을 저주하지 않는다. 집에 온 손님을 神처럼 여기는 나라가 있다니! 한국도 손님을 향한 사랑과 접대가 대단하다고 생각했는데, 알바니아는 한국보다 한 술 더 뜬다. 제네쎄 할머니도 그런 것이었을까?

알바니아에 찾아온 외국인 손님을 귀하게 대접하고 집으로 찾아온 손님을 극진히 대접한다. 작은 초콜릿과 사탕, 커피부터 시작되는 손님 대접은 융숭한 식탁을 넘어 따뜻한 잠자리로 끝나는가 싶더니 이내 객이 돌아가는 길목까지의 배웅으로 이어진다. 알바니아 격언 중에 '알바니아인의 집은 신과 손님의 집'이라는 격언이 있다. 알바니아인들의 정서 속에는 손님의 위치를 신과 동등한 위치로 격상시킨 만큼 손님을 귀하게 여기고 대접해야 된다는 일종의 '책임감' 같은 것이 있다.

피는 피로 - 독특한 관습법

알바니아에 국민 영웅으로 대접받는 존경받는 한 작가가 있다. 그는 알바니아가 공산주의 체제였을 때, 문학작품을 통하여 자국의 역사와 사회 정세를 고발했다. 그를 통하여 발칸반도의 숨겨진 미지의 나라 알바니아가 세상에 그 존재를 드러낼 수 있었다. 세계에서 독자적인 수정주의 공산주의 노선을 걷고 있던 엔베르 호자와 노동당에 의해 그는 반사회주의 인사로 낙인 찍혀 집필 금지, 출간 금지라는 수모를 겪기도 했다. 카다레는 2019년 박경리 문학상을 수상하였으며, 노벨문학상 후보로 꾸준히 지목되고 있다.

그의 작품 『부서진 4월』과 함께 알바니아만의 독특한 산악지대 관습법을 들여다보기로 한다.

그는 자신의 이름이 자신의 몸으로부터, 가슴으로부터, 그리고 살갗으로부터

빠져나와 외부로 잔인하게 퍼져나가는 것 같은 인상을 받았다.

그런 느낌을 받기는 난생처음이었다. 베리샤 가의 그조르그.

그는 마음속으로 그 무자비한 포고 사항을 알리는 관원의 고함 소리를 되뇌었다.

그는 스물여섯 살이었고, 생애 처음으로 삶이라는 회반죽 덩어리 속으로

섞여들어가고 있었던 것이다.

"베리샤 가의 그조르그가 제프 크리예키크를 쏘았어요."라며

다른 쪽에서 또 다른 누군가가 고함치는 소리가 들렸다.

형이 살해된 날로부터 일 년 반이 지나, 마침내 그의 어머니가 그날 형이

입었던 셔츠를 세탁해 널었던 것이다. 일 년 반 동안 피로 얼룩져 있던

그 셔츠는 카눈이 지시한 대로 피의 회수를 기다리며 그의 집 위층에 걸려 있었다.

핏자국이 누렇게 변색되기 시작하면 망자가 아직 복수를 받지 못해 괴로워하는 징조라고 사람들은 말하곤 했다.

- 이스마일 카다레 『부서진 사월』(경기: (주) 문학동네, 2018.4.), p.31

　이상하다. 피의 복수극이 벌어지고 있는 곳에 교회가 있다. 가톨릭이나 정교회의 교회일텐데…피의 복수는 한다고? 그럼 이것은 터키 오스만 트루크의 지배 시절에 이곳으로 들어온 이슬람교의 영향인가? 피의 복수가 기독교에서 온 것인지 이슬람교에서 온 것인지 분간이 가지 않았다. 여러 문헌을 찾아보니, 관습법은 이슬람교의 영향도 기독교의 영향도 아닌 알바니아 산악지대(고원지대) 특유의 법이다. 15세기에 레크 두카지니(Lek Dukagjini)에 의해서 정리되고 공포되어 성문화 되었다고 한다. 알프스 산맥의 자락을 잇는 알바니아의 북쪽 산악지대는 그 웅장하고 비밀스러운 외형처럼 국가의 어떤 통치도 간섭하지 못하는 독자적인 세력을 갖고 있었다. 시대가 바뀌고 정부가 바뀌어도 그 지역만큼은 그들이 만들어오고 지켜온 법을 따르고 있었다. 그것이 바로 카눈(Khanun), 관습법이다.

　피를 피로 반드시 갚아야 한다. 그조르그는 우연히 시작된 두 가문 간의 복수극의 피해자가 되었다. 그의 가문은 자신의 집안에 어느 날 찾아온 낯선 손님의 죽음의 복수에 연루되어 마흔두 개의 무덤을 파야만 했다. 소설 속 주인공 그조르그도 형의 죽음을 갚기 위해 21번의 매복 끝에 결국 살인을 집행했다. 그에게 '살인'은 우발적으로 '저지르는 것'이 아니라 철저하게 계획해서 '집행해야' 하는 것이었다. 살인으로 형의 핏 값을 물었지만, 이제 각 집안의 살인 휴전 한 달 후에는 자신이 그 살인의 대상이 되어야만 했다. 광야에 내몰린 어린양이 되었다. 그는 괴로움과 외로움에 몸부림쳤다. 그럼에도 불구하고 마차 안에서 빛나고 있었던 '그 여성'을 다시 만나게 될 실낱 같은 희망을 품고 끝까지 힘차게 걸었지만 결국 그는 피의 복수를 하려는 자의 총에 맞아 죽었다. 한 달의 휴전이 다시 시작될 것이고, 이제 그조르그 가문의 남자 누군가가 또 살인을 하게 될 것이다. 두 집안 모두 살인 당하고 살인하고 살인 당하고 살인하고 끝나지 않는 복수의 길을 걷게 될 것이다. 피에 대한 복수를 소홀히 하게 되면 마을 전체가 불 더미에 휩싸일 수도 있는 노릇이었다.

공산주의 시절 엔베르 호자는 이 카눈법을 폐지하기 위해 온갖 노력을 기울였다. 카눈을 행하는 사람들을 잡아 감옥에 넣기도 했고, 처형시키기도 했다. 그 시기에 카눈의 피의 복수는 그 수가 확 줄었다고 한다. 하지만 공산주의가 무너진 후 최근까지도 카눈에 의한 피의 복수는 간헐적으로 지속되고 있다. 선배 선교사님들과 함께 시골 마을에 간 적이 있다. 여러 가정을 방문했는데, 저 집안과 이 집안의 남자들이 피의 복수 관계라고 했다. 피의 복수로 인해 가장과 아들을 잃었음에도 불구하고 서로 이웃으로 한 마을에 살고 있었다. 아마도 더 이상 피의 복수를 하지 않기로 약속했을 것이다.

피의 복수로 촉발된 살인사건은 지금도 알바니아 뉴스의 머리 기사를 장식하고 있다. 특별히 가족중의 누군가가 부당한 죽음을 당했는데, 국가가 적절한 판결을 내리지 않는 경우, 알바니아 사람들은 카눈의 관습법을 다시 소환한다. 정부가 해결해 주지 않는 억울한 죽음을 내 손으로 직접 갚겠다는 것이다. 그것은 알바니아 사람들이 지켜왔던 '명예'를 더럽히지 않겠다는 결연한 의지이다. 죄는 미워해도 사람은 미워하지 말라는 말도 있고, 사람을 죽이지 말라는 계명도 있다. 하지만 이에는 이, 눈에는 눈, 피에는 피로 명예를 지키기 원하는 사람들이 살았던 세상은 어쩌면 세상의 어느 나라보다도 공정하게 살아가기 원해서 그런 것은 아니었나 하는 생각이 든다.

그 '공정'을 지키기 위해 얼마나 많은 이들을 떠나 보내야 했는지, 남은 가족들은 떠난 이를 얼마나 그리워하고 마음 아파했는지, 그 아픔의 크기를 가늠할 수가 없다. 남편이나 아들을 먼저 보낸 부인은 평생을 검정색 옷을 입고 지내는 관습도 있다. 그 아픔의 크기가 너무 무겁고 커서 평생을 검정색 옷을 입으며 떠나 보낸 이들을 그리워하는 것 같다. 세상의 그 어떤 것으로도 다시 이을 수 없는 죽음의 이별과 아픔이 알바니아 사람들의 마음 깊은 곳에 자리잡고 있다.

혼수 탄약통– 총알을 결혼 선물로?!

"선생님, 한국 여자들은 좋겠어요. 한국 남자도 집안일을 하고 도와주니까요."

나에게 한국어를 배우는 여학생에게 큰 아들이 설거지를 다 안해놔서 화가 났다고 말하자, 고등학교 2학년 여학생의 눈빛이 순간 부러움으로 변한다. 알바니아에서는 남자아이들보다 여자아이들의 눈이 더 반짝거린다. 똑똑하고 일도 잘한다. 집안일은 말할 것도 없다. 10살이 되자마자 집안의 거의 모든 일을 도맡아 한다고 한다. 요리와 빨래, 설거지, 집 청소 등 어린 여자아이들이 했다고는 믿을 수 없을 만큼 똑 부러지게 일한다. 이렇게 어릴 때부터 온갖 일을 경험한 여자아이들은 어른이 되어서도 눈에 총기가 돈다.

주변을 보면 잘 이해가 가지 않았다. 어떻게 이렇게 어린 여자아이들에게 집안일을 시킬 수 있지? 꼭 우리나라 70년대 보는 것처럼 아들만 좋아하고 떠받들고 있지? 남자들은 왜 이렇게 노는 사람들이 많지? 어떻게 할머니가 무거운 짐을 잔뜩 이고 가는데 할아버지는 도와주시지 않는 걸까?

그런데 일반 서민들의 삶에서는 남녀불평등이 확실하게 보이지만 알바니아 정부 내각에서는 오히려 여성 장관의 수가 남성보다 훨씬 많다. 총리를 포함한 16명의 장관 중에서 12명이 여성이다. 정치에서는 EU연합 가입국의 그 어느 나라보다도 최고 수준의 여성 할당량을 자랑하고 있다. 일상 생활 속의 여성들과 활발하게 정치 참여를 하고 있는 여성들의 모습 사이에 큰 괴리감이 있다. EU에 가입하기 위한 보여주기식인지 개선을 위한 몸부림인지 분간이 가지 않는 것도 사실이다.

『부서진 사월』을 읽으면서 피의 복수에 놀랐다면, 결혼할 때 새 신부가 혼수품으로 챙겨가는 '혼수탄약통'에 한 번 더 놀라게 된다. 왜 신부의 남성 가족들은 신랑에게 총알을 결혼 선물로 주는 것일까? 왜, 누구에게, 어떻게 사용하라고?

그조르그는 신부의 혼수가 들어 있을 알록달록한 옷 보따리를 살펴보면서,
신부의 부모가 넣어주었을 '혼수 탄약통'이 어느 은밀한 구석, 어느 상자 속,
어느 호주머니 속, 어느 수놓은 조끼 속에 들어 있을지 궁금해했다.
그것은 신부가 남편한테서 도망치려고 할 경우,
남편이 사용할 권리가 있는 물건이었다.
그 생각에 겹쳐 오랜 병치레 끝에 결국 혼사를 치를 수 없었던

그의 약혼녀에 대한 생각이 떠올랐다.

혼례 행렬이 지나가는 것을 볼 적마다

그녀에 대한 생각을 떠올리지 않을 수 없었는데,

그날은 이상하게도 그 일이 고통스럽지 않고 오히려 위안으로 느껴졌다.

그녀가 기나긴 여생 동안 과부로 지내느니, 그가 이제 곧 그녀와 만나게 될

그곳에 먼저 간 것이 그녀에게는 차라리 잘된 일인 듯싶었던 것이다.

그리고 만약 신부가 남편 곁을 떠나기라도 할라치면 즉시 죽일 수 있도록

모든 신부의 부모들이 딸에게 들려 보내야 하는 '혼수 탄약통'이라니.

그라면 당장 혼인 첫날밤에 어딘가 싶은 심연 속으로 그것을 내던졌으리라.

– 이스마일 카다레 『부서진 사월』 (경기: (주) 문학동네 , 2018.4.), p.38

신부는 신랑의 소유물 중 하나에 불과했다. 그녀의 생명에 대
한 소유권은 신랑이 갖고 있었다. 신부가 남편에게 도망치려고 하
거나, 남편의 신뢰를 무너뜨리는 행동을 하면 신랑은 그녀를 바로
쏴 죽일 수 있었다. 남편은 그의 생각대로 바로 판단하고 판결을
내리고 즉시 형을 집행할 수 있는 권리가 있었다. 반면에 신부는
남편이 그녀에게 판결을 내리면 이의없이 받아들여야 했고, 순순
히 생명의 주권을 내놓아야 했다. 사랑하는 사람과 함께 사는 삶
이 아니라 자신의 생명을 보존하기 위해 언제나 떠받들고 눈치를
봐야 하는 삶을 살아야 하는 것은 온전히 여성 한 사람의 몫이었

다. 심지어 신부의 아버지가 신랑에게 혼수 탄약통을 줄 때, 신랑의 손을 축복하는 말까지 했다고 한다. 아버지는 딸이 자신의 집안의 명예를 더럽힌다면 신랑의 손에서 즉사를 당해도 된다고 생각했던 것이다. 여성의 삶이란 과연 어떤 의미가 있었는지, 암담한 그 시대의 여성들이 안타까워진다.

엔베르 호자의 철의 공산주의 시절은 알바니아 사람들에게 큰 상처로 남아있다. 끝없이 가난했고 서로를 감시해야 했다. 마을간 이동 조차 자유롭지 못했으며, 외국과의 거래가 전혀 없었다. 해외로 나갈 수도 없었고 대한민국의 경상도 만한 땅덩어리에서 30년 이상을 갇혀서 지내야 했다. 위법 행위로 붙잡히면 입에 담기 어려운 고문을 당해야 했다. 세계 최초로 무신론의 나라로 명명되었다. 알바니아 사람들은 그 척박한 시대를 거치면서 바위산 틈에서 자라나는 잡초처럼 살아남아야 했다.

그런데 그런 시기 속에서도 딱 하나 다행인 점이 있었으니, 그것은 바로 여성의 지위 격상이었다. 여성이 교육 받을 수 있는 환경이 보장되면서 2차 대전 이전에는 90%에 달했던 여성 문맹률이 대폭 낮아졌다. 또한 공산주의 시기의 여성 고졸 이상 학력 보유자 수가 1958년에 비해 101배 이상 높아졌다고 한다. 1975년에야 낙태법이 인정된 프랑스와는 달리 알바니아에서는 이미 1946년에 임신 중절 합법을 시행하며 여권을 신장시켰다.

"샤리아의 규범과 교회는 여성을 상품으로, 남성이 사고파는 물건으로 취급했다… 부르주아지가 노동자를 프롤레타리아트로 만든 것처럼 샤리아, 교회, 봉건제, 야만적인 고대 규범은 여성을 남성의 프롤레타리아트로 환원시켰다."

"전체 당과 국가는 여성인권전체 당과 국가는 여성인권수호에 관한 당의 성스러운 칙령을 감히 짓밟는 자의 목을 부러뜨려 불에 던져야 합니다."

– 엔베르 호자가 1967년에 남긴 말

왕정주의와 공산주의, 민주주의를 겪으면서 알바니아의 여성들은 여성으로의 삶의 의미를 지켜내고 인정받기 위해 긴 시간을 인내해야 했다. 시대 변화의 아픔을 반영하고 있는 알바니아 여성들의 삶은 지금도 여전히 변화를 기대하고 꿈꾼다. 일부 여성들은 어차피 결혼을 해야 한다면 가부장적인 알바니아보다는 외국인 남성들과 결혼을 원하기도 하고, 또 일부 여성들은 평생 가정일만 하면서 살 바에는 혼자 사는 것이 낫다고 생각하기도 한다. 여성이 남성의 귀속적인 존재로 또는 가정 부양 만을 목적으로 아무런 꿈도 없이 살아가는 것이 아니라, 자신에게 주어진 삶을 적극적으로 살아가면서 그 안에서 자신의 정체성을 바로 깨닫는 알바니아 여성들이 되기를 응원하고 지지한다.

문갈렙 선교사

내가 살며 섬겼던 곳, 인도네시아

나는 2006년 5월에 인도네시아에 부임하였다. 여러 나라를 돌며 비거주 선교사로 사역을 하던 중에 인도네시아로 가라는 교회의 발령을 받고 인도네시아로 가게 되었다. 어쩌면 한번도 이 나라를 위하여 관심을 두지 않았는데 어찌 이곳으로 나를 부르셨을까 의 아하게 생각하면서도 복음을 위하여 종 된 나로서는 어디든지 주님이 가라시면 기꺼이 가야 하는 것이 본분이요 도리이기에 설레는 마음으로 부임하였다. 처음 가는 나라라 살 집을 구하고 안정이 되면 아내를 부르리라 하고 혼자서 3개월 먼저 입국하였다. 도착 후 2일만에 환영 축포라도 쏜 것일까, 아니면 사탄이 겁을 주며 쫓는 협박인지 대 지진과 화산 폭발로 6,000명이 희생되는 재난이 인근에서 일어나 정신이 번쩍 들었던 충격이 생생하다.

　미국보다는 가깝지만 7시간의 비행거리는 나에게는 멀게 느껴졌다. 우선 국토가 동남아시아에서 오세아니아까지 길게 동서로 늘어져 있어 서울에서 자카르타까지의 거리나 같은 길이의 큰 섬나라이다. 국토의 넓이는 한반도의 8.5배, 대한민국의 19배의 크기이며 1만 7천여개의 섬으로 구성되어 있다. 인구 또한 2억 8천만으로 세계 4위이다. 이슬람 인구가 90%로 세계 최대 이슬람 인구이라 흔히들 국교가 이슬람교로 여기나 인도네시아는 국교가 없다. 다만 6개의 종교 중에 하나를 택하도록 하는 정책을 가지고 있어 모든 국민은 6개의 종교, 즉 이슬람교, 기독교, 힌두교, 불교, 카톨릭, 유교 중에서 하나를 믿어야 하며 이를 주민등록증에 명기하여 소지하는 나라이다. 종족은 인구의 40%를 차지하는 자바족 외에도 1,300개 이상의 종족이 살고 있다. 언어도 700여 개에 달한다. 적도선이 국토 동서를 관통하고 있어 열대기후이며, 천연자원이 다양할 뿐 아니라 세계 제1의 자원대국이다. 한가지 안타까운 것은 환태평양 불의 고리에 속하기 때문에 지진과 화산활동이 잦고 태풍과 홍수가 빈번히 일어난다.

　인도네시아라는 국호는 네덜란드에 지배를 당하던 19세기부터 불리기 시작한 국호이고, 전통적으로는 중세부터 '많은 섬들의 나라'라는 의미의 '누산따라'라고 불렀다. 한국에서는 인도네시아와 인도를 혼동하는 경우가 많은데, 이는 발음상 '인도'는 인도네시아의 약칭이라 여겨서 일어나는 해프닝이다. 인도네시아의 약칭은 '인니印尼'인데 이는 한자로 표기한 인도니서아印度尼西亞의 준말이다. 오히려 인도네시아 현지에서는 인도네시아를 짧게 '인도(Indo)'라 줄여 부르고 있어 외국인은 혼동하지 말아야 할 것이다. 이와 비슷한 방식으로 인도네시아인들이 영어로 자기들을 인도네시아인이라 소개할 때 Indonesian 대신 'Indon'이라고 부르기도 한다. 특히 고유 언어가 70% 같고 외모도 비슷한 말레이시아인들과 인도네시아인들이 여럿이 만나서 영어로 대화할 때는 서로를 구별하기 힘드므로 '나는 Indon', '나는 Malay' 이런 식으로 서로 짧게 소개한다. 하지만 'Indon'이 인도네시아인을 비하하는 단어라는 설도 있어서 주의하는 게 좋다. 수도 자카르타가 매년 가라앉고 있어 최근에는 미래를 위해 수도를 동 깔리만탄으로 옮기는 것을 결정하고 건설이 시작되었는데 새 수도의 이름을 '누산따라'라고 작명하였다.

종족의 분포상 이 나라의 심장부라 말할 수 있는 센트럴 자바 산악마을에서 나는 17년간 살면서 섬겼다. 주위에는 3,000미터급 화산이 뱃속의 붉은 것을 토해내며 다섯 개나 솟아 있다. 그래서 산악 마을의 해발고도도 높아 내가 섬기는 마을들 대개가 해발 1,500m에서 2,000m에 위치하고 있다. 산 사람들이라 대부분 순박하고 따뜻한 마음에서 미소가 넘친다. 거개가 농업에 종사하고 있어 그 부지런함은 끈기로 이어지는 삶에 녹아 있고, 팔뚝의 근육에 잘 새겨져 있다. 하루 종일 흙을 파서 산비탈을 경작하며 살아도 자녀들의 교육에 대한 관심은 매우 높아서 우리가 개설한 방과 후 공부방 '꿈나무'에는 아이들이 늘 많이 모이기 때문에 부모들의 협조와 관심 속에서 잘 운영이 되고 있어 감사한다.

아침에 거름을 지고 산자락 밭에 도착하면 점심 때가 될 정도로 높은 산비탈 밭을 경작하여 옥수수나 양배추, 건기에는 담배를 심어 목돈을 만져보는 가난한 농부들이다. 거의 이틀에 한번 그 산자락 마을들을 방문하는 나는 험한 산길을 내려다보며 '외국인으로서 가장 많이 이 산을 오르내리는 사람이 아닌가!'라며 스스로를 격려하고 부추겨 인내로 계속 섬겨 가도록 채찍질한다. 토착 종교를 바탕에 둔 이슬람을 믿는 이들에게 복음을 전하기까지는 상당히 오래 걸린다. 오랜 사귐을 가져야만 건너갈 다리가 겨우 건축되는 현실이라 기다림의 긴 인내로 소망을 잃지 않고 성령님의 도우심과 기름 부으심의 은혜를 구하며 일하고 있다. 가슴에 새겨 둔 한 영혼이 천하보다 소중하다는 주님의 말씀을 꺼내 보며 글을 마친다.

원로이스 선교사

러시아의 동쪽 연해주로

그런즉 너희는 먼저 그의 나라와 그의 의를 구하라 그리하면 이 모든 것을
너희에게 더하시리라 (마6:33)

아버지의 눈물이 있는 곳으로

학창시절 내가 주를 잘 알지 못했을 때에 아버지의 이 말씀이 내
게 왔다. 기도 중에 만난 남편과 결혼해서 세 명의 자녀를 낳아 키
웠다. IMF로 인한 남편의 대기업 조기 퇴사 후 둘의 관심과 재능

을 고려하여 함께 놀이학교 교육 사업을 창업하였다. 프랜차이즈로 벤치마킹 하는 등, 호기를 맞기도 했으나 자본에 밀려 소비자의 욕구를 충족시키기 어려웠다. 남편은 이제 자신의 일을 내려놓고 선교사 훈련 단체에 가입하길 원했다. 창업 5년 후 우리 부부는 선교 단체로 들어가 6개월 동안 주 일 회 교육을 받게 되었다. 단기선교 후 결국 모든 일상을 뒤로한 채 큰 아이의 외고 합격을 기점으로 둘째와 막내를 데리고 태백 '예수원'에 '가족지원생'으로 들어가 주님의 음성 듣기를 하였다. 지원 생활이 끝난 후 예수원에서 내려와 태백시 광야 생활로 만 3년 동안 주님의 온전한 은혜 속에서 남편은 늦깎이 신대원에 입학, 전도사가 되어 '출애굽'이 아닌 '출태백'으로 고양시에서 새터민을 감당하는 사역으로 인도함 받을 수 있었다. 북녘 땅을 향한 기도팀을 이끈 남편은 5년 후 목사안수를 받으며 러시아 연해주 땅으로 나를 권유하였다. 나는 처음으로 그 곳에서 일하는 여러 노동자를 볼 수 있었고 기도 중 주님의 눈물을 보았다. 마치 이스라엘이 출애굽으로 나가기 전 나일 강물이 피로 변한 것처럼 아버지의 눈은 시뻘겋게 충혈된 체 아파하셨다. 그 분께서는 거리의 윗동네 분들을 비춰 주셨다. 나도 솟구치는 눈물을 제어하기 힘들었다. 마음을 다지며 남편과 함께 출국 일정을 밟았는데, 굳게 닫혀 있던 문들이 그 곳을 향하여 발을 내딛자 마자 차례로 열려졌다. 선교 수업을 마친 후 꼭 10년이 흘렀다. 한 집에 사는 식구들을 뒤로한 채 남편과 나만 짐을 꾸렸다. 고맙게도 아이들은 그간 훈련이 되었는지 말리거나 함께 가겠다는 아이가 전혀 없었다. 부모님은 완강한 반대를 보이셨다. 그럼에도 연해주 내 우수리스크 사범대학을 우연히 방문하며 그곳 책임자를 만났고 생전 처음 보는 러시아인으로부터 도움을 받아 학생비자를 발급 받게 되었다. 우리는 우수리스크에 도착한 날부터 대학교기숙사로 들어와 다음 날부터 학교를 오가며 러시아어를 배우고 우수리스크의 낯선 문화 속에서 생활하게 되었다. 때마다 우리를 돕는 손이 있었다. 지금은 이곳에서 영주권을 받고 '다차'를 일구며 살고 있다.

극동연방관구, 일명 연해주

러시아 프리모리예 지방, 일명 연해주는 러시아 극동 연방관구의 지방이다. 지리 및 기후로는 러시아의 8개 연방 주체 중 가장 넓은 지역을 관할하며 러시아 전체 영토의 40.6%를 차지한다. 관구의 횡단 거리가 약 3000km, 종단거리가 약 4500km에 달하기 때문에, 기후가 다양하게 나타난다. 교통으로는 바다와 인접한 지리적 요건으로 해상교통이 발달하여 블라디보스토크 항을 포함한 대형 항만이 30여 개의 항구를 보유하고 있다. 관구 내에 25개 가량의 공항이 운영 중이며, 그 중 블라디보스토크 국제공항, 하바롭스크 국제공항, 유즈노사할린 국제공항에는 우리나라의 직항 노선이 운항된다.

연해주는 현재 러시아 땅이다. 한반도 북동쪽의 중국 만주와 연접하여 길게 동해 바다에 위치한다. 청나라로부터 이 땅을 받은 지 이제 150년이 지났다. 주요 도시로 블라디보스톡이 연해주의 행정 중심지이며 대략 60만, 우수리스크 17만, 나호드카 14만, 아르쫌 10만, 아르세네프 5만, 스파스크달니 3.9만, 볼쇼이카멘 3.9만, 파르티잔스크 3.6만 명이다. 인구 구성 비율은 러시아인(85.7%), 우크라이나인(2.5%), 고려인(0.96%), 타타르인(0.54%), 우즈백인(0.46%), 벨라루스인(0.3%),아르메니아인(0.3%)로 구성되어 있다.(출처:두산백과 두피디아)

연해주는 우리나라 민족의 혼이 있는 곳이다. 발해시대 유적지의 흔적을 곳곳에서 찾을 수 있으며 심지어 블라디보스톡 시내에서는 발해시대의 박물관을 관람할 수 있다. 일제강점기 시절 국권회복을 위한 '항일독립운동가'를 위해 전쟁 당시 많은 고려인들이 총탄의 무기 지원금들을 뒤에서 많이 지원했다고 한다. 무엇보다 우리 민족사에서 항일 독립 투쟁의 역사지로 유명하다. 안중근 의사, 이상설, 신채호, 장도빈 및 독립 자금을 도왔던 최재형 선생 등 무명의 전사자들이 무수하다. 1920년의 한인의용군의 빨치산전

투는 북간도의 봉오동전투와 청산리전투와 더불어 3대 승첩 가운데 하나로 꼽힌다.

블라디보스토크

러시아 극동에 위치하여 부동항이라고 불리는 블라디보스톡 도시에서는 세계를 향해 동진정책을 펼치고 있다. 2015년부터 푸틴의 '동방경제포럼'이 해마다 이곳에서 열리는 까닭이기도 하다. 극동의 꽃인 '시베리야 횡단열차'의 종점 '블라디보스토크역'은 극동의 종점역이다. 여행자들은 '아무르강'의 하바롭스크와 함께 3박4일의 관광코스를 잡기도 한다. 블라디보스토크는 부동항으로 많이 알려져 있고 전망대를 통해 한 눈에 조망할 수 있다. 그 외 혁명 광장, 블라디보스토크역, 러시아정교회성당, 개선문, '아르바트거리'와 해안가 등 서양의 문명을 한 눈에 조망할 수 있고, 우리나라 독립투쟁 명승지가 많아 해마다 우리나라 관광객들이 오고 있다.

블라디보스토크 한인들의 첫 정착지 개척리

시베리아 항일 운동의 요람인 신한촌과 블라디보스토크 한인들의 첫 정착지 개척리는 블라디보스토크 해안에서 내륙으로 300미터 정도 들어온 거리에 위치한다. 현재 '신한촌 기념비' 앞에는 그 당시 '엘레나'라는 상점의 흔적을 발견할 수 있다.

'개척리 마을'은 1930년 스탈린의 고려인들의 중앙아시아 강제 이주 전까지 고려한인들의 첫 정착지이며, 시내 중심가에 위치한 지금의 '포그라니치나야 거리'이다. 예전엔 '고려인의 거리'로 불리기도 하였다. 개척리 거리 344호에 해조신문사가 위치하였고, 안중근 의사가 이토 히로부미 저격모의를 한 '대동공보사' 역시 이곳에 있었다. "한인학교가 들어서고 성명회가 조직되기도 한 역사의 현장 - 철도역을 중심으로 신한촌까지의 개척리 길에는 한인들의 발길이 무수했다"며 수원대학교 역사학자인 박 환 교수는 역사의 흔적을 가리키며 힘주어 말했다.

내가 사는 도시 '우수리스크' : 계획도시와 교통 중심지

세계 1차 세계 대전 후 스탈린의 경제개발 5개년 계획에 따라 우수리스크의 도시는 군중심의 도시로, 잘 짜여진 바둑판 모양처럼 유통이 용이하게 구성되어 있다. 교통은 사통팔달 철도가 연결되어 있었는데, 하산역에서 중국의 하얼빈, 북한의 두만강철도 뿐 아니라 유럽으로 연결되는 시베리야 철도가 내가 사는 '우수리스크역'을 지난다. 우수리스크시는 교통의 요충지이며 문물 교류의 도매시장이 유명하다. 때문에 중국이나, 북한, 일본의 교역 및 문물들과 노동자까지 기차로 왕래를 한다. 많은 건설공사를 하고 있어서 시장뿐 아니라 어디에서나 외국인 노동자들을 쉽게 볼 수 있었다.

우수리스크 도심 가까이에 우리나라 '임시정부의회'가 한 러시아 학교 입구에 작은 표지로 새겨져 있다. 우리나라의 상하이임시정부가 세워지기 전에 세워졌다고 한다. 여기서 멀지 않은 곳에 문화재로 재탄생한 독립운동가의 대부 최재형 선생의 자택이 보인다.

우수리스크 '고려문화센터'는 고려인들을 위한 문화공간이다. 1층에는 고려인역사관이 있다. 한인의 러시아 이주, 독립운동, 중앙아시아로의 강제이주, 연해주로의 재이주 등을 중심으로 체계적으로 정리되어 있다. 1층에는 민속춤 실습실, 문화센터 2층에는 이 지역에서 발행되는 고려신문 사무실이 있고, 바깥 건물에는 태권도 및 각종 스포츠센터가 있다. 고려인들이 주최로 여러 행사를 주최하곤 한다. 해마다 우리민족의 명절인 추석과 설에는 한복을 입은 고려인들의 행사가 민요합창, 부채춤 전통놀이와 장기자랑, 먹거리 장터로 꽤 많은 사람들이 함께 모여 즐거운 시간을 갖는다.

고려인

1830년 연해주 포시에트 지역에 조선인 13가구가 정착했다. 그 이후 대규모의 한인 이민이 연해주로 진행되었다. 1869년 조선에 큰 흉년이 들어 기근으로 굶주린 많은 한인이 연해주로 이주하기 시작하면서 한인들의 이주가 계속 증가하게 되었고 여러 지역에 한인 마을이 형성하게 되었다. 1910년 조선이 일본에 강점되자 많은 러시아 거주 한인이 귀국을 포기하고 귀하했는데 개인보다는 주로 집단적으로 이루어졌다. 최초의 한인 정착지인 '지신허'는 백두산 가는 길목에 위치하여 안중근 의사의 '단지동맹비'와 함께 발해의 흔적과 유물이 발견된 곳이다.

1937년 '라즈돌리노역'은 고려인의 한으로 유명하다. 당시 이 지역 한인들은 "갑작스럽게 새벽에 나오라고 해서 채비도 없이 이 곳 '라즈돌리노역'에서 태워져 중앙아시아 여기저기로 내려줬는데 우즈베키스탄, 카작스탄 등 6,000km를 기차에 실린 채 두 달여 가량 기차를 타고 마냥 달려가야 했으며, 가는 도중 어린아이와 노인들의 죽음을 차마 거리에 던질 수 밖에 없었다."라며 그 때의 아픔을 전하고 있다.

'고려인', '카레이스키'라 불리는 한인 1세들은 주인 없이 버려진 땅, 연해주의 초원, 척박한 땅을 맨손으로 일구며 생계를 위하여 부를 축척하며 살았다. 1년 절반이 겨울이지만 봄과 여름에는 민들레와 메주를 가공하였다고 한다. 중앙아시아에서 귀환하여 러시아에 돌아온 고려인 2세는 "된장과 청국장을 한국에 팔아 살아가기도 했어요." 라며 당시의 모습을 회상하기도 했다. (출처: KBS '나그네 세월')

고려인 스스로 "나는 소련인이에요, 모양은 한인 같지만…"이라고 고백한다. 고려인 3세부터는 한글 교육이 점차 줄어들고 있다. 최근 1988년 올림픽 이후 한국이 있다는 것도 그제서야 알았다고 말하는 정○○고려인 3세는 자신의 핏줄을 찾아 남한에 가보고 싶다고 말했다. 자신의 성인 '정'은 여기서는 이응 받침이 없어서 발음이 잘 안된다며 발음 교정하는 모습이 눈에 선하다.

*참고문헌: 『박환 교수와 함께 걷다 블라디보스토크』

황보영 선교사

나의 두 번째 선교지 말레이시아

첫 번째 사역지는 중국이었다. 중국에서 부득이하게 사역지를 옮겨야 하는 상황이 되자 어떤 나라가 좋을지 남편과 기도하며 고민했다. 일단 중국어가 가능한 나라를 우선으로 찾았는데 대만, 말레이시아, 싱가폴 등 몇 나라밖에 없었다. 물론 중국인 디아스포라가 전 세계에 흩어져 있어 어느 나라에 가도 되지만 일단 나라 자체가 중국어를 사용하면 좋겠다고 생각했다. 생각보다 화교들이 다른 나라에 살면서 자신의 언어를 지킨 나라가 몇 안 됐다. 말레이시아가 화교 학교도 있고 중국어를 공용어로 사용하는 대표적인 나라 중 하나였다. 그래서 말레이시아에 관심을 가지게 됐고 여러 인도하심을 거쳐 결국 다음 사역지로 말레이시아에 오게 되었다.

따로따로 그러나 함께

말레이시아는 다민족국가이다. 인구의 58% 정도가 말레이인이고, 다음으로 중국계 말레이시아인이 25% 정도 차지하고, 인도계 말레이시아인이 8%가량 된다. 이들이 말레이시아인을 구성하는 주요 3대 종족이고 이밖에 오랑아슬리(Orang Asli) 원주민과 보르네오 소수민족, 그리고 극소수이나 과거 식민지 시절에 들어온 영국인 등이 있다. 또한 인구 구성에는 들어가지 않는 태국, 인도네시아, 미얀마 같은 주변국에서 온 많은 노동자가 있다. 그래서 처음 말레이시아에 오면 눈에 확 띄는 다채로운 인종 구성에 먼저 놀라게 되고, 다민족국가라는 첫인상이 강하게 들어온다. 이들은 보통 같은 인종끼리 모여 살고, 그들끼리 같은 문화권에서 교류하고 결혼하며 살아간다. 그렇다고 다른 인종에 배타적이진 않다. 또 함께 잘 어우러져 지낸다.

특이한 점은 인종 별로 종사하는 일 구성도 다르다. 말레이인은 말레이인 우대 정책(Bumiputra 정책)으로 행정, 군대, 경찰, 농업 등에, 중국계는 상업, 기술 전문직, 주석광산, 고무농장 노동 같은 분야에, 인도계는 고무농장 노동자, 운수부문, 중하급 공무원직에 종사하고 있다.

인종 별로 문화도 다르고 독특해서 말레이시아 안에는 많은 문화가 공존하고 또 인종 별로 기념하는 중요 축제도 다 다르다. 그런데 그 모든 축제를 함께 성대하게 즐기기 때문에 공휴일이 많다. 예를 들어 말레이인들은 하리 라야(Hari Raya)를, 중국계는 춘절을, 인도계는 타이푸삼(Thaipusam)과 디파발리(Deepavali)을 가장 중요한 명절로 지낸다. 각각의 축제는 문화 색이 강하고 전통이 보존되어 있어 다양하고 특색이 있으며 화려하다.

말레이시아는 인종별로 믿는 종교가 각기 다르다. 말레이인은 이슬람교를 믿고, 중국계는 유, 불, 도교를, 인도계는 힌두, 시크, 이슬람교를 믿는다. 말레이시아를 관광하다 보면 이슬람 사원과 불교 사원, 힌두교 사원이 함께 있는 경우가 많다. 옆에 붙어 있으면 서로 싸우고 배척할 것 같은데 그렇지 않다. 국민 60% 이상이 이슬람교를 믿는 이슬람 국가이지만, 인종 별로 믿는 종교를 인정해 주므로 종교 탄압은 없다. 그러나 이슬람교를 믿는 말레이인에게 하는 전도는 금지된다.

준비된 선교 자원인 말레이시아인

인종 별로 쓰는 언어도 다 제각기다. 말레이인은 주로 말레이어와 영어를 쓰고, 중국계는 중국어와 영어를, 인도계는 타밀어와 영어가 일상어다. 그러나 대부분의 사람이 간단한 말레이어를 알고 있으며, 여러 언어를 혼합하여 사용한다.

처음에 말레이시아에 와서 같은 중국계 말레이시아인(화교)이라도 어떤 사람은 영어만 잘하고, 또 어떤 분들은 중국어만 잘하는 게 신기했다. 그러면서도 영어, 중국어 둘 다 잘하는 사람도 있고, 거기에 광동어, 민남어, 하카어, 객가어 등 예전 중국에서 살았던 곳의 방언을 잘하는 사람도 있었다. 그래서 화교끼리 처음 만나면 일단 중국어를 써서 대화가 통하지 않으면 영어로 대화한다. 영어를 쓰면서도 중간중간 중국어나 말레이어를 섞여가며 사용한다.

이렇게 말레이시아인은 최소 두세 개의 언어를 사용하기 때문에 내가 자주 하는 말이 있는데 그들은 준비된 선교 자원이라는 것이다. 우리는 선교지에 가서 어렵게 언어를 배워야 하는데 이들은 여러 언어를 할 줄 알기에 어느 나라에 가도 언어적으로 쉽게 적응할 수 있다는 강점을 가진다. 또한 다양한 언어를 배운 경험이 있어 새로운 언어도 비교적 쉽게 익힐 수 있다.

그런데 안타깝게도 말레이시아 교회는 아직 선교가 약하다. 말레이시아 안에 여러 나라에서 온 많은 난민과 원주민 등 도와야 할 부분이 많아서 국내에 국한되어 선교하는 실정이다. 그래서 해외로 선교사를 파송하는 일은 거의 없다고 봐야 한다. 그러나 나중에는 하나님께서 이 민족을 사용하시어 선교하지 않을까 하는 생각이 든다.

중국인과 화교는 달라

처음 말레이시아에 와서 했던 실수는 화교를 중국 사람이라고 여겼던 일이다. 화교와 중국 사람이 다른 줄은 알았지만, 나는 그래도 그들이 자신을 중국 사람이라고 생각할 줄 알았다. 그래서 내가 어떤 화교 자매와 대화하다가 중국인이냐고 물어봤더니 자신은 말레이시아인이라면서 자신이 중국 사람 같이 보이냐고 하면서 그다지 기분이 좋지 않은 기색이었다. 그때 나는 내가 실수한 줄 깨닫고 다음부터는 조심했다.

그러면서 차차 화교들이 중국과 자신을 별로 연관을 지어 생각 안 하고 중국에 별로 관심이 없다는 사실을 알게 되었다. 중국이 큰 나라가 되어 세계에 영향을 끼치는 점은 좋게 생각하지만, 굳이 자신이 중국으로 여행가고 싶어하지 않았고 중국을 그다지 좋아하지도 않았다. 이미 화교 역사가 오래됐기에 이들은 자신과 중국은 별개라고 생각했다.

그리고 화교와 중국인은 차이도 크다. 같은 언어를 사용할 뿐이지 완전히 다른 나라 사람이다. 여기 말레이시아 화교는 오랜 영국 식민을 거쳐 오히려 서양 사람 마인드를 가진다. 그래서 화교들은 중국인을 잘 이해하지 못하고 어떻게 대해야 할지 모르겠다고 말한다. 실제로 화교 교회에서 중국인을 교회에 받아 들이려다 실패하는 경우가 꽤 흔하다. 이런 이유로 중국에서 오는 사람은 교회 모임을 따로 가지거나 화교 교회에 다니더라도 깊숙이 교회 안으로 들어가지 못하고 예배만 참석하는 경우가 많다. 나 역시도 계속 말레이시아 화교에 대해 더 알아가는 노력이 필요한 거 같다. 나의 한 가지 바람은 나중에 화교와 중국인을 연결해주는 역할을 하고 싶다.

단조로운 기후가 주는 문화

중국에 살 때 회색 하늘만 보다가 말레이시아에 와서 맑고 푸른 하늘을 보니 너무 좋았다. 그리고 연평균 기후가 27도로 적도 부근에 있지만 생각보다 덥지도 습하지도 않아서 기후도 만족스러웠다. 여기도 사계절이 있다고는 하지만 그렇게 큰 온도 변화는 없고, 건기(서말레이시아 기준 4-10월)와, 우기(서말레이시아 기준 11-3월)가 있다. 보통 하루 종일 쨍쨍하다가 한차례 소낙비처럼 비가 확 내리고 다시 해가 쨍하고 뜬다.

처음엔 만족스러웠던 기후가 사람 마음이 간사하다고 이제는 점점 단점이 눈에 들어온다. 일 년 내내 비슷한 기후는 사람을 살짝 단조롭게 하고 또 더운 날씨는 일을 열심히 하면 몸을 상하게 한다. 또 갑자기 추운 곳으로 가면 병이 나기 쉽고, 혈관에 무리가 갈 수 있다. 그래서 여기 선배 선교사들이 나에게 몸을 잘 관리하며 사역해야 한다고 여러 차례 충고해 주었다.

열대우림기후에 사는 여기 말레이시아 사람은 한국만큼 열심히 일하지 않는다. 그나마 화교가 열심히 일하지, 나머지 말레이시아인은 느긋하다. 어떻게 보면 기후에 적응한 문화인 거 같다. 곳곳에서 이런 태도가 묻어나는데 처음 와서 제일 신기했던 점은 관공서 같은 곳에 가면 직원들이 일하다가 말고 다른 직원들과 수다를 떤다. 이런 경험을 여러 차례 하고 나서 이게 여기 문화라는 사실을 알게 되었다. 게다가 일을 처리하다가도 점심시간이 되면 도중에 점심 먹으러 가기도 한다고 들었다. 그래서 어떤 일이든 시간적인 여유를 가지고 처리하러 가야지 아니면 다음 일정에 차질이 생길 수 있다.

직장 다니는 사람들 이야기를 들으면 말레이시아인은 출근도 물론 천천히 하지만, 출근한 후에 다시 아침을 먹으러 밖에 나간다고 한다. 이들은 식사 시간 역시 일의 연장으로 생각해서라고 한다. 이처럼 문화가 우리와 너무도 다르기에, 빠른 일 처리를 좋아하는 한국인은 이런 문화를 답답하게 여기기도 한다. 그리고 만날 약속을 하면 천천히 오는 문화가 있다. 친구든지 아니면 서비

스센터 직원이든지 시간 약속하면 꼭 늦게 오고, 늦는 것을 미안하게 여기지 않으며 그럴 수 있다고 여긴다. 어디쯤이냐고 물어보면 답은 십중팔구 가는 중(OTW: On the way)이라고 답한다. 이걸 믿고 곧 도착한다고 믿으면 안 된다. 한 시간이 걸릴 수도 그 이상이 걸릴 수도 있다. 그래서 혹자는 우스갯소리로 한국에 '빨리빨리' 문화가 있다면 말레이시아에는 'OTW' 문화가 있다고 말한다. 말레이시아에 살 땐 말레이시아 문화에 맞추어 여유롭고 느긋한 마음을 가져야 한다.

안은향 선교사

캄보디아에서의 교회 개척 이야기

교회 개척은 하나님의 은혜로 이루어지는 것이기에 선교사의 경험과 제안이 정답이 될 수는 없지만 부족한 선교사가 어떻게 교회 개척을 했는지 나누려고 한다. 교회 개척을 앞두고 있는 후임 선교사가 교회 개척의 그림을 그리는 데에 조금의 유익이 있을 것이라 생각한다.

캄보디아 선교, 처음 이야기

1923년 개신교 최초의 선교사 두 가정이 캄보디아에 들어옴으로 복음이 본격적으로 전해지기 시작하였다. C&MA(Christian & Missionary Aliance) 단체를 통해 들어온 '아더 하몬드(Arthur L.Hammond)' 가정과 '데이빗 엘리슨(David Ellison)' 가정이었다. 특별히 이 단체는 1970년대 초 다양한 단체에 소속된 선교사들이 들어오기 전까지 50여 년 동안 캄보디아 선교에 있어서 중추적인 역할을 감당한 단체다. 그렇기에 지금의 모든 캄보디아 개신교회와 선교는 C&MA의 선교적 열정과 헌신이라는 기초 위에 세워지고 있다고 볼 수 있다. C&MA의 선교 원칙은 복음 전도 활동과 건강하고 역동적인 지역 교회를 세우는 것이었다.

올해 2023년은 캄보디아 선교 100주년이 되는 해이고, 한인 선교 30주년이 되는 특별한 해이다. 그래서 앞으로의 선교를 어떻게 해야 할까? 선교사들, 현지 사역자들에게 많은 고민과 숙제를 안겨주고 있다.

가장 큰 이슈, 교회 재정 자립

최근 선교사들이 가장 많은 관심을 가지는 부분은 단연 교회 재정 자립을 위한 방법이다. 만 15년째 교회 개척 사역을 하는 나는 여전히 재정 자립을 위한 방법보다는 복음을 전하고 사람을 키우는 부분이 제일 큰 관심이다.

나는 교회 개척 후 어느 정도의 시간이 지나면 당연히 영적 자립과 재정적 자립을 해야 한다고 생각한다. 영적 자립이 이루어지면 성도들이 자발적으로 헌금을 하여 교회를 섬기고 성도들을 섬길 수 있다고 생각한다. 그러나 영적 자립이 이루어지지 않은 채 재정적 자립에만 집중한다면 분명 여러 문제가 야기될 것이다. 재정적 자립을 꿈꾸는 교회의 문제점을 직접 본 경험이 있다. 내가 사역하는 지역의 한 교회는 현지 사역자가 재정 자립을 위해 주중에 교회 안에서 영어학원을 열었다. 수도에서 언어 공부 기간을 마치고 사역지로 이사 와서 처음 살았던 집의 아이들이 그 영어학원에 다녔다. 나는 아이들에게 영어를 배우러 갔을 때 복음을 들었는지, 주일 예배에 참석하는지 물었다. 그런데 충격적인 것은 복음을 들어본 적도 없고, 그 교회에는 주일에 예배가 없다는 것이었다. 알아보니 사실이었다.

　　그 사역자도 처음에는 주중에 영어학원을 하면서 주일 예배를 잘 드렸을 것이다. 그러나 시간이 지나면서 돈 버는 영어학원에 집중하게 되고 주일 예배를 등한시하다 보니 예배를 드리지 않게 된 것이다. 참 마음이 아팠다. 영어학원을 하면서 영어를 배우러 오는 아이들에게 복음을 전하는 귀한 기회였고, 복음을 들은 그 아이들이 예배로 연결될 수 있었으면 얼마나 좋았을까? 또 한 경우는 한 선교사가 교회 자립을 위한 비즈니스를 시작했는데 그 사업이 너무 잘 되어서 사업하는 것만으로도 바빠서 다른 사역을 하지 못한다고 주위 선교사들이 말하는 것을 들었다. 이렇듯 두 마리 토끼(복음 전도와 비즈니스)를 다 잡는 것은 현실적으로 힘들어 보인다.

교회 개척 사역 준비

캄보디아는 마음껏 교회 개척을 할 수 있는 곳이기에 많은 선교사가 교회 개척을 하고 있다. 나도 선교지에 오기 전부터 전도를 통한 교회 개척, 제자 훈련을 사역 방향으로 두고 기도했었다. 처음 2년간은 수도 프놈펜에서 언어 학교와 학원, 개인 교사를 통해 언어 공부를 하는 시간이었다. 캄보디아 GMP의 방침으로 언어 공부 기간에 한인 교회에는 갈 수 없었고, 선임 선교사가 사역하는 현지 교회에 매 주일 출석하면서 배우고 섬기는 귀한 시간을 가질 수 있었다.

도시로의 인구 유입이 계속되고 있기에 '도시 선교'가 꼭 필요한 선교 전략이라고 많이 말한다. 그러나 지방에서 온 현지인도 도시의 맛을 보고 나면 자기 고향으로 돌아가려고 하지 않는 모습을 봤다. 물론 수도에서 훈련 받았던 현지인 사역자 또한 지방으로 가서 사역하려고 하지 않는다. 많은 선교사는 현지인을 수도에서 잘 훈련 시킨 후 지방으로 보내서 교회 개척을 하고자 하는 소망이 있다. 그러나 현실은 다르다.

이 부분은 한 번 짚고 넘어가야 할 부분이다. 캄보디아에도 수도와 근교 지방에 선교사가 집중되어 있다. 자녀 교육 문제가 걸리고 수도보다 열악한 환경인 지방으로 선교사도 선뜻 떠나기는 어렵다. 선교사가 하지 못하는 부분을 현지인만 떠안게 해서는 안 될 것이다. 그리고 사역지는 지방인데 수도에 거주하는 선교사도 있다. 교회 건물 건축이 교회 개척이 아니다. 나는 진정한 교회인 한 사람, 한 사람과 삶을 나누지 않는 것은 교회 개척이 아니라 생각했기에 그 사람들 속에 들어가 사는 선교를 해야겠다고 결정하였다. 그래서 교회 개척 전에 선교사가 포화 상태인 수도에서는 사역하지 않으리라 생각하고 주로 수도에서 멀리 떨어진 교회가 별로 없는 지방에 정탐을 다녀왔다. 그 이후 지금 사역하는 '꺼꽁'이라는 지방으로 사역지를 정하게 되었다. 감사하게도 선임 선교사 한 가정이 이곳에 계셨기에 든든한 마음이 있었다. 이렇게 지방으로 가려는 마음이 간절했기에 수도에서 언어 공부할 때 누구보다도 열심히 언어 공부를 했다. 지방에 가면 언어 교사도 구하기 힘드니 수도에서 미리 성경 언어와 제자 훈련 교재를 공부했다. 교회 개척 전에 양육을 위한 교재를 미리 공부했던 게 교회 개척하면서 큰 도움이 되었다. 2007년도에는 스마트폰도 없었고 집에 인터넷도 안 되니 온전히 언어 공부에 집중할 수 있는 은혜가 있었다. 지금 같으면 편리한 것들(스마트폰, 인터넷)이 너무 바쁘고 분주하게 만드니 그렇게 집중할 수 있었을까 싶다.

이즈음에서 한 가지 더 나누고 싶은 것이 있다. 나는 무조건 '도시 선교'를 반대하는 것은 아니다. 하나님의 부르심을 따라 너무 멋지게 도시 선교를 잘 감당하는 선교사도 있으니 말이다. 나는 선교 전략 트렌드에 따라 한 가지만 고집하는 그 문제점에 대해서 지적하고 싶은 것이다.

드디어 교회 개척 시작!

2009년 1월에 하나님의 부르심을 따라 '꺼꽁'에 정착하게 되었다. 수도에서 꺼꽁까지 8시간이나 걸리고 강을 4개를 건너야 하는 오지였다. 그러나 하나님의 부르심을 따라왔기에 열악하고 힘든 곳에 왔다는 생각보다는 설렘과 기대가 가득했다.

처음 살았던 집은 하나님의 은혜가 가득한 곳이었다. 한국인이 이사를 오니 주인집의 손주들, 이웃의 아이들이 한국어를 배우고 싶다고 요청했다. 그래서 자연스럽게 집 거실에서 한국어와 영어를 가르치는 공부방을 열면서 아이들 전도를 시작하게 되었다. 그리고 창세기부터 성경 그림 색칠을 하면서 성경 이야기를 해주고,

언어 기간에 현지 교회에 출석하면서 배웠던 어린이 찬양과 율동도 하나씩 가르쳐주니 아이들이 그 시간을 너무 즐거워했다. 캄보디아는 아이들이 많은데 학교에 교실이 부족하여 오전 반, 오후 반으로 나누어 공부하고 있다. 공부방 시간은 정해져 있는데 공부방 시간 외에도 수시로 오후반 아이들은 오전에, 오전반 아이들은 오후에 놀러 오니 하루 종일 쉴 틈이 없었다. 그렇게 배부른 고민이 있었다. 몇 달이 지났을 때 공부방만이 아니라 이 아이들과 주일에 예배를 드려야겠다는 마음이 들어서 집에서 아이들과 함께 예배를 드리는 기쁨을 누렸다. 집에서 공부방을 하는 중에도 하나님은 내가 어느 마을에 교회를 개척하게 하실까? 기도하며 마을마을을 다녔다. 그러던 중 집주인 아주머니에게 그 상황을 나누었는데 예수님을 믿지 않는 분이셨지만 한 마을을 얘기하며 그 마을에 아이들도 많고 교회가 있어야 한다고 말씀하셨다. 오후 해가 질 쯤에 아주머니와 그 마을에 가봤는데 동네에 아이들이 바글바글한 것을 보고는 저 아이들을 복음의 그물로 낚고 싶다는 흥분된 마음이 들었다.

그 이후 그 마을이 나의 첫 교회 개척지가 된 것이다. 하나님은 놀랍게 믿지 않는 집주인 아주머니를 통해 교회 개척지를 정하도록 인도하셨다. 새로운 땅을 밟기 전에 늘 기도하던 내용은 '하나님! 하나님께서 예비하신 사람들을 많이 만나게 해주세요' 였는데, 하나님은 이 기도의 내용대로 응답해 주셨다.

하나님께서 열어 가신 교회 개척을 돌아보며

교회 사역을 하며 중점에 둔 사역은 '전도'와 '심방'이었다. 그것을 꾸준히 성실하게 했던 것이 지금의 열매로 나타난 것 같다. 첫 교회 개척을 시작으로 해서 예배를 드리는 곳이 7곳이나 되었다. '교회 건축보다는 사람을 키우자'에 대한 마음이 커서 오랫동안 빌린 장소에서 예배를 드렸고, 어떤 곳은 주민 집의 처마 밑에서 예배를 드렸었다. 더 이상 장소를 빌릴 수 없을 때까지 하나님은 기다리게 하시고 하나님의 때에 3곳의 교회를 건축하게 하셨다. 그 외 교회는 여전히 성도 가정에서, 빌린 집에서, 학교 정자에서, 망고나무 아래에서 예배를 드리고 있다.

캄보디아에는 교회 건축은 했지만 방치되고 예배가 없는 교회도 종종 있다. 너무 안타깝다. 교회 건축 그 이후 현지 성도들이 선교사가 떠난 후에도 감당할 수 있는지 까지 생각해 보아야 한다. 나는 처음부터 성도들에게 교회는 선교사의 것이 아니고 현지인 성도들이 중심이 되어 사역이 이루어져야 함을 많이 말해왔다.

처음에 어린이 사역부터 시작하다가 가정 방문 전도를 통해 어른들이 예수님을 믿고 교회에 나오면서 어른들이 많아지게 되었다. 무엇보다 감사한 것은 어른들이 예수님을 믿게 되니 그 자녀들까지 자연스럽게 전도되는 큰 은혜를 누렸다. 불교 나라인 캄보디아에는 어릴 때는 교회에 잘 나오다가 청소년이 되면서 교회를 떠나는 경우가 많다. 어른들의 핍박과 친구로부터의 왕따 때문인 경우가 많다. 불교 나라, 가족 중심인 나라에서 어른이 예수님을 믿는 것은 가족과 친척들에게 큰 영향력을 미친다.

캄보디아의 대부분 선교사는 어린이 사역이 희망이라 생각한다. 불교 나라인 이곳에서 어릴 때부터 기독교 세계관을 갖도록 교육해야만 변화될 수 있다고 믿는다. 그래서 유치원부터 학교 사역을 하는 선교사들이 많아졌다. 어쩌면 붐처럼 일어났다. 나도 어린이 사역을 열심히 하고 있지만 어른 사역에 대한 비중도 많이 두어야 한다고 생각한다. 우리 교회 성도 중 한 가정은 4대가 믿는 가정이 있다. 어른 성도 한 명이 복음을 받아들이면서 가족 전체가 예수님을 믿게 된 것이다.

캄보디아에는 '쫄츠남'(설 명절)과 '프쭘번'(추석 명절)이 가장 큰 명절이다. 이때는 모두 옷을 깨끗이 차려 입고 절에 간다. 그래서 주일 예배에 잘 나오는 아이들도 명절 때는 부모님을 따라 절에 가고 교회에 오지 않는다. 그러나 명절 때 절에 가지 않고 예배에 오는 아이들은 부모님이 예수님을 믿는 아이들이다. 이런 모습을 보면서 어른들 전도가 너무 중요하다는 것을 절실히 깨닫게 된다.

어른 성도가 예수님을 믿고는 가족, 이웃과 직장 동료에게 자신의 간증을 하며 전도를 하는 것을 본다. 우리 교회는 거의 매 주일 예배에 새 신자가 온다. 대부분이 어른 성도의 전도를 통해서이다.

지금까지의 사역을 돌아보니 하나님께서 어린이 사역과 어른 사역을 조화롭게 하도록 이끄셨기에 개척한 교회가 부흥할 수 있었던 게 아닐까 싶다.

기쁨도 감사, 아픔도 감사

사역을 시작하면서부터 현지인 아이들과 공동체 생활을 하였다. '학사 사역' 이라고 불러도 되겠다. 많게는 12명까지 함께 했으니 얼마나 많은 에너지가 들어갔는지 모른다. 신앙 훈련, 생활 훈련을 함께 해야 하니 24시간이 늘 긴장이었던 것 같다. 교회 사역을 하면서 학사 사역을 병행했으니 결코 쉬운 일이 아니었기에 후배 선교사들이 학사 사역을 하겠다면 나는 말리는 편이다.

처음에는 공동체 생활을 하면 더 집중해서 제자들을 키울 수 있을 거라는 기대만 가득했던 것 같다. 학교 수업이 7시에 시작하니 매일 아이들과 새벽 5시 30분에 기도회를 하고, 저녁에는 성경 읽기와 더불어 저녁 예배를 드렸다. 아이들의 믿음도 점점 자라고 교회 사역도 함께 섬기게 되니 참 감사한 시간이었다. 무엇보다 함께 살면서 이들의 세계관, 특성을 더 잘 이해할 수 있는 장점이 있었다. 또한 아이들과 함께 매일 예배를 드리는 그 시간이 있었기 때문에 선교사인 나도 영적 나태에 빠지지 않고 예배하는 삶을 지키는 큰 유익이 있었다.

아이들이 한 명씩 학교 졸업을 하고 직장을 가지게 되면서 독립하여 공동체를 떠나는 때가 왔다. 물론 공동체를 떠나고도 믿음 가운데 잘 살아가는 지체도 있지만 완전히 교회를 떠난 지체들도 여러 명 된다. 믿지 않는 형제를 사랑하여 결혼하고는 연약해진 자매도 있다. 이런 모습을 보니 그동안의 나의 수고가 물거품이 된 것 같았고, 공동체 속에 있을 때의 그 믿음은 도대체 무엇이었나 싶으니 속상하고 배신감을 느꼈다. 그때 하나님께서는 예수님을 묵상하게 하셨다. 하나님이신 예수님도 그 아픔을 겪으셨다. 사랑의 수고에는 당연히 반짝반짝 빛나는 좋은 결과가 온다고 믿었던 나의 모습이 잘못되었음을 알고 나니 한결 마음이 편해졌다. 나는 심고 물을 주었을 뿐이고 오직 자라게 하시는 분은 하나님이심을 다시 고백한다. 나는 자라게 하시는 하나님께서 그 한 영혼, 한 영혼을 다시 세우실 것을 믿고 기도하는 것밖에 없다.

공동체 사역에 너무 많은 에너지를 쏟다 보니 함께 살지 않은 아이들에게 더 많은 사랑을 주지 못했던 것은 후회가 된다. 함께 살지는 않았는데 예수님을 믿지 않는 가족들의 핍박을 견디고 믿음 가운데 든든히 서고 지금은 교회사역자로 섬기는 자매도 있다. 나의 사역을 돌아보니 공동체 사역을 통해 사람이 세워지기도 하지만 꼭 공동체 사역을 하지 않더라도 사람이 세워진다는 것이다.

본이 되는 선교사, 선교하는 교회를 꿈꾸며

앞으로도 지금껏 집중했던 전도와 심방에 계속 집중하고 싶다. 고린도전서 1장 21절에 하나님께서 전도의 미련한 것으로 믿는 자들을 구원하시기를 기뻐하셨음을 말씀하고 있다. 그렇다. 그 어떤 이론과 프로그램이 아니라 교회 개척의 기초는 '전도의 미련한 것'이다. 구원받는 사람이 있어야 교회이기 때문이다. 『교회 개척자』에서 대린 패트릭은 교회는 사람, 메시지, 사명으로 세워진다고 했다. 조나단 에드워즈는 하나님의 임재 가운데 사역하는 훌륭한 목회자는, 하나님께서 그분 다음으로 사람들에게 허락하신 가장 좋은 축복이라고 말한다. 나도 하나님의 임재 가운데 사역하는 사람이 되어 내가 현지인들에게 축복이 되기를 바란다. 그리고 다른 메시지가 아닌 오직 예수 그리스도를 선포하는 나와 우리 교회가 되었으면 좋겠다. 더 나아가 무엇보다 우리 교회가 삶과 가르침으로 모든 민족으로 제자 삼는 사명을 감당할 수 있기를 소망한다.

GMP 캄보디아에 나에게 모델이 되는 선교사와 교회가 있다.

그 교회는 많이 성장하여 교회 안의 여러 목장 그룹에서 다른 나라의 선교사와 사역을 위해 기도하며 후원하고 있고, 올해 처음 선교사를 파송하는 감사한 일이 있었다. 우리 교회에서도 계속 '선교하는 교회'에 대한 동기부여를 하고 있는데, 내년부터 다른 민족을 섬기는 선교사를 후원하는 큰 축복이 있기를 기도한다. 감사한 것은 우리 교회에는 자원하여 헌금하고 성도를 돌보고 교회를 섬기는 일이 풍성하다. 이런 모습을 보면서 교회 재정 자립을 위해 어떤 방법을 찾기보다는 성도들이 자발적으로 교회를 사랑하고 염려하여 물질을 드리는 은혜가 넘치면 된다고 생각한다. 그리고 그 물질을 우리 안에서만 아니라 캄보디아를 넘어 열방으로 흘려 보내는 그 사명도 감당할 수 있어야 하겠다.

황보영 선교사

광저우에서의 교회 개척 사역

선교사가 된 후 중국 광저우에서 사역을 시작했다. 원래 중국에서 생활했기 때문에 우리는 선교 훈련을 받고 단체에 허입이 된 후 준비가 덜 됐지만, 다시 중국으로 빨리 돌아올 수 있었다. 그러면서 이번엔 선교사 신분으로 가는 거니 뭔가 예전과는 달랐으면 좋겠다고 기도했다. 그냥 예전과 같은 마음으로 중국에 가는 게 아니라 하나님께서 주시는 새로운 마음으로 다시 새롭게 시작하고 싶었다.

감사하게도 사역지로 바로 이동하지 않고 필드 오리엔테이션을 받으러 베이징을 거쳐 가게 되었다. 그러면서 그 시간을 통해 하나님께서 많은 깨달음을 주셨고, 우리의 많은 고정관념을 깨주셨다. 원래는 그 당시에도 중국에서 많은 선교사가 추방되고 있는 현실이었고 또 남편이 그동안 중국에서 일하는 쪽으로 훈련 받았다고 생각했기 때문에 당연히 우리 가정은 전문인 선교를 해야 한다고 생각했었다. 그래서 선교 훈련을 받을 때도 우리는 전문인 선교를 할 거라고 우리 의사를 밝혔고, 다른 가능성은 열어두지 않았었다. 그런데 그건 우리의 계획이었고, 하나님께서는 우리 가정이 전임사역자로 일하시길 원하신다고 깨닫게 하셨다. 그래서 우리는 순종함으로 그 발걸음을 내딛게 되었다.

하나님께서 하나하나 길들을 열어주셔서 재정도 조금씩 채워주셨고, 광저우에서 선교를 잘 하는 좋은 팀과 동역할 수 있는 기회 또한 주셨다. 첫 텀이었지만 남편이 일단 언어가 준비되어 있었기 때문에 사역을 빨리 시작하게 되었다. 그러다가 결국은 교회 개척까지 경험하게 해주셨다. 우리가 적극적으로 찾아다녔기보다는 하나님께서 모든 것을 다 연결해주시고 할 기회를 친히 마련해주셨다. 나는 항상 하나님의 때를 기다리면 하나님께서 친히 길을 열어주신다고 자신있게 말할 수 있다. 우리는 우리가 쓰임 받게 우리를 잘 준비하고, 준비된 때를 잘 기다린 후, 하나님께서 길을 열어주시면 순종하기만 하면 된다. 나는 하나님께서 준비된 자를 쓰지 않으면 하나님 손해라는 배짱이 있다. 그래서 기다리는 동안 조급하지 않을 수 있었다.

교회를 세울 때 처음부터 자치, 자전, 자립을 목표로 했다. 우리 가정은 돕는 역할을 하는 거지 우리가 교회를 이끌어가는 게 아니라는 점을 늘 강조했다. 교인들이 교회에 주인 의식을 가지게 하는 데 중점을 두고 시작했다. 이것이 현지인 스스로에 의해 다스려지는 '자치'이다.

처음 시작은 광저우 대학성 근처에 대학교 때 캠퍼스 모임에는 왔었는데 직장인이 되고 교회에 참석하지 않는 믿음이 약한 청년 몇 명이 있다는 소식을 듣고, 그곳에 교회 개척하면 어떻겠냐는 권유를 받아서 였다. 그래서 일단 남편이 그 청년들을 찾아가 만나 내가 이곳에 교회를 개척하면 함께 할 생각이 있냐는 의견을 묻고 그렇다고 해서 개척을 준비하게 되었다.

교회를 바로 시작한 게 아니라 먼저 몇 주 동안 교회를 세우기 위해 함께 기도회를 하며 어떤 교회를 세우고 싶은지 의견을 나눴다. 이처럼 교회를 함께 세워가고자 하는 마음을 심어주고, 주인 의식을 주는 단계부터 시작했다. 그래서 교회 이름도 우리가 마음대로 정하지 않고, 적은 수였지만 상의해서 그들 스스로 정하도록 유도했다. 게다가 처음부터 섬길 역할도 하나씩 맡게 했다.

교회 장소도 '자립'을 목표로 했기에 어디서 예배를 드릴지 함께 의논했다. 청년 한 명이 젊은 교수였는데, 주말에 비어있는 학교 교수회의실이 있다고 했다. 아직 인원이 적으니 약간 위험 부담이 있긴 하지만, 그곳에서 일단 예배를 시작하자고 했다. 그래서 특이하게도 우리는 첫 예배를 대학교에서 시작했다. 그러다가 결국 보안 문제가 생겨서 두 달쯤 후에 교회 장소를 구해서 나왔다. 작지만 우리만의 공간을 가지게 되었다.

우리 교회는 처음부터 자립했다. 교회의 현지화를 목표로 했고 교회의 외형을 중시하지 않았기에 자립이 가능했다. 한국 교회에 비교하면 초라한 장소였지만, 우리의 눈엔 참 감사한 장소였다. 인테리어 비용도 특별히 들지 않았고, 교회 주방과 같이 고쳐야 할 곳은 성도들이 자원해서 스스로 사람을 쓰지 않고 수리했다. 이렇게 한 덕에 일정한 시간이 흐른 뒤에는 다른 교회를 도울 수 있을 정도로 성장하게 되었다.

현지인들 스스로에 의해 복음이 전파되는 '자전'도 잘 이뤄졌는데, 교회를 하면서 느낀 거는 현지인 전도는 우리보다 현지인이 훨씬 잘한다는 거다. 감사하게도 처음부터 매주 새 신자들이 있었다. 가볍게 한번 참석하러 오는 경우도 많았지만 우리는 한 번만이라도 예배 자리에 오는 것도 참 감사한 일이라고 생각했다. 우리가 한국인이었기 때문에 호기심으로 우리를 보러 오는 경우도 많았다. 우리 온 가족이 교회 개척에 뛰어들었기 때문에 우리 자녀 덕도 많이 봤다. 교회 가면 귀여운 세 명의 아이들이 있다고 소문이 나기도 했었고 초신자가 교회에 계속 오게 하는 데 확실히 도움이 됐다. 그러면서 한 명 한 명 믿음이 성장해 나가는 모습을 보는 즐거움이 컸다. 이게 교회 개척의 재미다.

선교를 배울 때 교회를 개척하더라도 '현지인에게 리더십 이양'을 목표로 해야 한다고 배웠기 때문에, 처음 교회를 시작할 때부터 우리 가정은 결국 나중에는 이양하고 떠날 거라고 끊임없이 말했었다. 그래서 후에 우리가 진짜 교회를 이양했을 때 문제가 생기지 않았다. 교인들이 많이 아쉬워했고 꼭 떠나야 하냐고 했지만 결국은 잘 받아들였다.

교회 개척했던 경험을 되돌아보면 적절한 때에, 교회가 필요한 곳에, 하나님께서 우리 가정을 부르시고 잘 사용하셨다는 거다. 그래서 우리가 했다고 자랑할 것이 하나도 없다고 생각한다. 하나님께서 하신 게 너무나 분명하기 때문이다. 그저 하나님께서 우리 가정에게 이런 귀한 경험을 할 수 있게 해 주심에 감사했다. 또한 좋은 성도들을 만나 좋은 교제를 하게 해 주심에 너무 감사했다.

김원희 선교사

교회 개척, 뼈아픈 오점

솔직히 나는 교회개척에 대해 잘하고 잘못한 점을 내세울 만 한 사람이 못된다. 단기 사역기간에는 팀 사역의 일원으로 학교 사역을 했다. 선임선교사의 행정조치로 인해 사역지를 잃고, 나는 대도시 델리에서 예술 사역 준비 중에 단기 선교 훈련 중 비즈니스 에즈 미션(BAM)을 가르친 한 선교사의 끈질긴 설득으로 비즈니스 사역을 했기 때문이다.

　그 선교사는 6개월간 내가 허락할 때까지 미국에서 찾아와 설득했다. "선교사의 사역은 목적지를 정해 놓고 모터 보트를 타고 목적지를 향해 질주하는 것이 아니다. 세일링 보트를 타고 성령의 바람을 따라 사역하는 것이다." 이 말은 내 마음에 비수처럼 꽂혔다. 나는 '성령께서 이끄시는 선교의 세일링 보트' 라는 말에 설득당하고 교회의 허락을 받아 비즈니스 사역을 했다.

몇 년 후 비즈니스 사역을 접고 교회개척 사역으로 전환했다. 그 때는 교회개척 전략 없이 다른 선교사들이 했던 사역을 관찰하고 그것을 따랐다. 그 때문에 교회는 개척되었지만 현지 사역자의 수준에 있는 가정교회에 만족해야 했다. 나의 교회개척에 있어 부족했던 점을 바로 비춰보기 위해 교회개척 사역과 비즈니스 사역도 교회개척을 위한 사업이라고 보고 같은 수준에 놓고 생각해 보기로 하겠다.

교회개척은 중보기도가 돌파를 이뤄낸다

교회개척과 비즈니스 사역은 엄청난 중보기도 사역이 동반되어야 돌파를 이룰 수 있다. 한국에서 떠나올 때 나는 300명의 중보기도자들을 동원하여 인도에 들어왔다. 그러나 시간이 흐르면서 점점 중보기도자들의 숫자가 줄어들었고 더 이상 늘어나지는 않았다. 사역을 하면서 절실하게 깨달은 것은 교회개척과 비즈니스 사역은 열 두 군단의 군대와 같은 중보기도의 동역이 없이는 결코 이뤄낼 수 없다는 것이다.

내가 그 무서운 강성 무슬림 지역에서 학교 사역의 돌파를 이뤄낼 수 있었던 것은 순전히 그 300명의 중보기도자들의 기도와 선교부의 기도 합주회 덕분이었다.

내가 천국 열쇠를 네게 주리니 네가 땅에서 무엇이든지 매면 하늘에서도 매일 것이요 네가 땅에서 무엇이든지 풀면 하늘에서도 풀리리라 하시고 (마16:19)

히말라야 산맥이 가로막고 있으며 숲이 없고 분지인 델리는 세계에서 가장 더운 도시 중 하나이다. 2013년 비즈니스 사역 설립을 위해 나는 2년간 아침 7시부터 밤 11시까지 120년 만에 찾아온 섭씨 60도에 가까운 불볕 더위에도 아랑곳하지 않고 맹렬하게 일했다. 델리와 위성도시의 비 위생적인 인도의 길거리 음식을 변화시키고 가난한 사람들에게 일거리를 창출하고, 그들 가족을 복음 안에 들어오게 하는 전략으로 Food Cart 사업을 펼쳤다. 100개 200개의 Food Cart에 배달할 음식키트를 만드는 메인 주방과 사무실을 꾸렸다.

샘플 메뉴 개발의 반응을 살피기 위해 델리의 은행가 중심부 G 파크와 N 플레이스에 2개의 패스트 푸드 레스토랑을 개업했다. 사업은 순조롭게 흘러가는 듯했으나 나는 장염으로 아무것도 먹지 못했고, 질병치료와 아버지의 병환으로 한국에 들어가야 하는 상황이 되었다. 아버지 병간호 40일 후 나는 모든 사업을 접었다. 2년을 진행하고 1년이란 긴 기간을 소비하며 접을 수밖에 없었다. 여러가지 이유가 있었지만 억 단위의 엄청난 투자에 비해 길거리

가난한 사람들에게 제공하는 음식 판매로 손익분기점(Breakeven point)을 만들 자신이 없었다. 외국인인 나는 다른 길거리 음식 판매를 하는 사람과 다르게 국가에 꼬박꼬박 세금도 내야 했다. N 플레이스 레스토랑은 델리의 가장 큰 컴퓨터시장으로 하루 30만 이상의 사람들이 통행하는 곳으로 갱 조직이 연결되어 있었다. 거기서 레스토랑을 운영하려면 갱 조직과 그들과 연결된 부동산, 경찰, 시청 직원들과도 상대해야 했다. 길거리 푸드 카트 설치를 위한 장소에서도 이권을 다투는 길거리의 갱 조직과 맞서야 했다. 더 이상 투자가 들어오게 되면 그 엄청난 투자에서 순이익을 돌려줄 수 없을 것을 나는 예견했다. 나는 사업을 돌아보며 내가 사업을 접는 결정을 한 이유를 아버지의 암 치료와 나의 건강 혹은 손익분기점 등 현실적인 이유였다고 애써 나 자신에게 위안했다.

어느 날 나의 뇌리를 스치는 한 장면이 떠올랐다. 2010년 상하이 한인연합교회에서 있었던 상해비즈니스 포럼에서 황성주 목사가 했던 간증이었다. 총체적 선교의 7가지 영역 중 사단에게 빼앗긴 마지막 영역인 경제 영역을 되찾아오는 비즈니스 사역은 12군단의 강력한 중보기도 사역자들의 기도가 필요하다는 간증이었다. 나의 비즈니스 사역에 절대적으로 부족했던 것은 군대와 같은 중보기도였다. 나는 이 뼈아픈 나의 과오를 결코 잊지 못한다. 이러한 중보기도는 비즈니스뿐만 아니라 교회개척에도 적용된다.

코로나 펜데믹 기간에 일어난 일들

교회개척은 기도로 이뤄진다. 코로나 19기간 숱한 어려움이 있었다. 델리 임마누엘 신학교에서 만나 후원하여 제자가 된 미라클은 어머니의 유언으로 목사가 되었다. 미라클의 아버지는 코로나 19 감염으로 돌아가셨고, 미라클은 아버지의 교회를 맡아 개척을 이어갔다. 프라탑은 코로나 펜데믹으로 집세를 내지 못하여 운영하던 학교를 접었다. 오랜 기도대로 그 자리에 교회를 개척했다. 나는 코로나 펜데믹 기간에 학업 중에 성령께서 인도해 주셔서 교회개척 전략을 수립했다. 하나님의 영광을 위하여 교회개척을 남은 나의 사역 기간에 최우선 순위에 두고 기도해왔다. 어느 날 나는 성령께서 주시는 통찰로 인도의 가정교회와 셀교회 구조를 결합한 셀교회형 가정교회를 교회개척 모델로 수립했다. 그리고 남아 있는 내게 주어진 사역기간을 고려하여 셀교회형 가정교회 운동으로 최종 전략을 세우게 되었다. 코로나 펜데믹 기간 인도에 긴급구호를 5차례 하는 동안 가장 빠르고 정확하고, 정직하게 긴급구호를 시행한 미라클과 프라탑 목사를 셀교회형 가정교회 운동의 리더로 결정했다. 충성된 사람들에게 복음을 부탁하라는 바울의 권면을 기억하며(딤후2:2) 미라클 목사를 남인도 지도자로 프라탑 목사를 북인도 지도자로 선정했다. 기도제목을 요청 받을 때마다 이

기도제목 일 순위는 셀교회형 가정교회운동이 인도에 퍼져 나가는 것이었다. 인도에 들어와 사역을 시작하며 이 두 명의 사역자들과 셀교회형 가정교회 운동의 비전을 공유했다. 그들과 셀 교회 리더 세미나를 23일 간 진행했다. 교재는 모든 것이 말씀으로 된 교재였기 때문에 세미나 기간동안 말씀이 그들을 날카로운 타작날처럼 예리하게 빚어 가시는 것을 보았다. 엄청난 영적 전쟁을 기도로 이겨가며 세미나를 마쳤다. 그들은 셀 리더 훈련자 개발과 전 인도를 위한 셀교회형 가정교회운동 세미나 강사로 헌신했다. 그들은 각자의 교회에서 셀리더를 발굴하여 세미나를 진행 중에 있다.

새로운 2기 셀 리더 훈련자들이 일어나고 있다. 최근 힌두강성 RSS 사람들이 쿠마르 목사의 C교회를 찾아와 예배를 드리면 집을 부수겠다고 협박했다. 핍박으로 예배를 못 드리게 되자 성도들은 자기 집을 내어주며 집집마다 돌아가며 예배를 드리고 있다. C교회는 전통교회라서 셀 교회 전환을 하지 않으려 했으나, 그 교회 역시 셀교회로 전환하기 위해 쿠마르 목사 역시 세미나 강사로 훈련해야 할 필요성이 있어 델리를 중심으로 한 셀교회형 가정교회 리더 세미나를 진행하고 있다. 이 일들은 코로나 펜데믹 2년간의 기도로 이루어지고 있는 일들이다.

전략의 부재는 필연적으로 사단도 거들떠보지 않는다

교회개척은 전략적이어야 한다. 교회는 예수 그리스도 하나님의 계획이고 아이디어였다.

> 또 내가 네게 이르노니 너는 베드로라 내가 이 반석 위에 내 교회를 세우리니 음부의 권세가 이기지 못하리라 (마 16:18).

우리가 선교지에서 선교사들이 모여 세미나를 하든, 함께 교제를 나누든 무슨 일을 해도 사단은 우리를 건들지 않는다. 그러나 전도와 교회개척을 하려고 하면, 혹은 어린이 사역에서 복음을 전해야 하는 순간에는 반드시 훼방을 놓는다.

교회 개척을 할 때 선배 선교사들의 모델을 따라 관계전도를 통하거나 언어 선생과 만나 교제하다가 교회를 개척하여 그 한 교회를 돌보거나, 이미 세워진 교회와 협력해서 사역하게 되면 매우 평온하다. 사단도 전략이 있다. 처음 교회개척을 시작할 때 나는 별다른 전략이 없었다. 그저 남들이 하는 대로 하면 될 것이라는 막연한 생각이었다.

그러나 안식년과 코로나 19 펜데믹 기간 동안 연구와 묵상을 통해 선교 전략을 가지고 만반의 준비를 하고 사역지에 들어오니 내 인생의 가장 힘들었던 전쟁 같은 날들이 기다리고 있었다. 냉장고, 세탁기, 에어컨, 오래 된 자동차, 어느 것 하나 성한 것이 없이 다 고

장나 있었다. 집안은 2년간 쥐들의 놀이터가 되어 모든 가재도구를 버렸다. 입국한지 일주일 안에 이사를 가라는 주인의 통보를 받았다. 재정착의 어려움뿐만 아니라 집의 이사와 병명을 알 수 없는 열병으로 수개월 동안 침대에 누워 지냈다. 그때 성령께서 조명해주신 것은 사단이 이번 턴에 내가 사역지에 들어오는 것을 극도로 싫어한다는 생각을 주셨다. 그 생각에 미치게 되자 이번 임기와 내 사역을 마치는 순간까지 전심으로 모든 힘을 다해 나의 선교 전략인 셀교회형 가정교회개척 운동과 이를 위한 셀교회형 가정교회개척을 위한 리더들을 훈련하여 이 운동의 돌파를 이루겠다고 다짐하게 되었다. 남은 나의 사역 기간 성령께서 동행해주시기를 기도한다.

교회개척은 중보기도와 전략으로

교회개척은 수많은 현장 데이터를 가진 인문학적 연구와 새롭게 조명되는 선교 전략이 절대적으로 필요하다. 교회개척을 위해서는 두 가지가 절대적으로 필요하다. 미카엘 천사가 이끄는 12군단과 같은 중보기도의 힘이 필요하다. 두번째는 성령께서 보여주시고 알려주시는 교회개척 전략이 필요하다. 하나님은 우리에게 일을 주실 때 지혜와 명철과 총명을 주시고 그 일을 할 수 있도록 알려주시기 때문이다.

김원희 선교사

교회개척 전략의 과거와 현재

교회개척의 효과적인 전략 제안

GMP 선교단체는 '개척정신, 하나님 나라, 사람중심'이라는 핵심 가치를 가지고 프로젝트 사역을 지양하고 있다. 프로젝트를 제외하고 가장 집중할 수 있는 사역은 교회개척과 제자양육 등의 사역이다. 과거를 알면 현재 어디에 서있는지 알게 되고 미래를 계획할 수 있다. 우리의 목숨이 하나이고, 한 번뿐인 선교사역에서 지혜와 전략이 절실히 요청된다. 왜냐하면 우리에게 사역을 위해 주어진 시간과 재정과 육체의 에너지가 제한되어 있기 때문이다. 어떻게 하면 교회개척을 효과적으로 잘 할 수 있을까? 이 고민은 모든 선교사에게 동일한 고민이다. 나는 몇 가지 최근에 생각하고 있는 전략들을 제안하고 싶다. 그것은 이미 우리가 알고 있는 것들이다. 그것은 부족언어와 종족개념에 따른 CPM와 T4T 교회개척운동이다.

랄프 윈터(Ralph Winter, 1924~2009)는 교회개척에서 선교회와 교회의 4가지 발전 단계라는 개념을 주장했다. 1단계는 개척자 단계(Pioneer)이다. 지도력이 필요하고 신자는 한 명도 없다. 선교사는 모든 일을 주도한다. 2단계는 부모 (Parent)단계이다. 개척단계이다. 가르침의 은사가 필요하고 새로 세워진 교회는 어린아이와 같다. 선교사가 현지 교회 지도자들을 훈련하는 단계이다. 3단계는 협력자(Partner)단계이다. 부모와 자식의 관계에서 성인 대 성인 관계로의 전환이 필요하다. 교회가 성숙한 어른이 되어야 하는 단계이다. 4단계는 참여자(Partnership)단계이다. 완전히 성숙한 교회는 지도력을 떠맡는다. 선교회는 다른 지역에서 1단계 사역을 시작해야 한다. 선교사는 현지인 교회에서 초청받을 때만 참여하는 단계이다.

교회개척의 과거

과거의 교회개척은 현지인 목사를 훈련해 현지인 교회를 개척하는 것이었다. 랄프 윈터는 네 사람, 세 시대, 두 전환기로 현대 선교를 정의했다. 현대 선교운동의 첫번째 시대는 (1792~1910) 윌리엄 캐리 William Carrey, 1761~1834)를 시작으로 교단 선교부가 주도한 지리학적 전략으로 해안선 지역을 중심으로 선교했다. 이 시기의 교회 개척은 현지인 목사들이 지도하는 현지인 교회를 설립하는 것이었다. 이런 목적 아래 선교는 현지인 목사의 훈련과 배치에 달려 있었다. 이때 주목할 점은 현지인 교회가 독자적으로 선교활동을 시작하는 것에 대해서는 언급이 없다. 두번째 시대(1865~1980)의 선교는 허드슨 테일러(James Hudson Taylor, 1832~1905)를 시작으로 신앙 선교회로 미국이 주도했으며 지리학적 전략은 내륙지방으로의 선교이다. 양차 세계 대전 이후 전 세계 식민 조직이 와해되고, 현지교회들은 아직 위에서 설명한 협력단계와 참여 단계가 더 필요했다.

교회개척의 현재

현대 선교는 비非지리적 전략이 필요하다. 좀 더 세분화하고 전략적인 접근이 필요하다. 또한 중국본토를 제외하고 타문화권 전도가 절실히 필요한 거대한 두 영역은 새 마게도니아 인이라 불리는 이슬람과 힌두교도다. 인도 선교사였던 레슬리 뉴비긴(Lesslie

Newbigin, 1909~1998)은 이슬람, 힌두교 국가, 공산권 등 비기독교 문화에서 그리스도인이 된다는 것은 그 문화 전체와 철저히 결별하는 것을 뜻한다고 말한다. 한 명씩 개종자를 얻어서는 전 세계 복음화는 요원하다. 요람에서 무덤까지 삶의 전반에 걸친 이슬람과 힌두교 삶의 규범과 전통, 문화에서 벗어나 생존이 불가능하다. 따라서 이들에게 어떻게 효과적으로 접근할 것인가에 대한 지혜와 효과적인 전략이 필요하다.

현대교회의 교회개척 전략

현대교회의 교회개척의 전략은 첫째, 부족언어와 동질 집단을 파고드는 전략이다.

랄프 윈터가 말하는 세번째 시대는 캐머런 타운센드(Cameron Townsend)와 도날드 맥가브란(Donald McGavran)에 의해 시작되었다. 타운센드는 남미 과테말라에서 마을마다 스페인어 성경을 나눠주면서 스페인어로 전도해서는 과테말라의 모든 사람을 전도할 수 없음을 깨달았다. 그는 현지인들에게 복음을 전하기 위해서는 그들의 부족언어로 전해야 한다고 결론지었다. 타운센드는 새로운 선교 개척지 복음화를 위해 위클리프 성경번역 선교회를 발족했다. 도날드 맥가브란은 인도의 사회적 장벽의 놀라운 심각성 때문에 고민했다. 그는 동질 집단(homogeneous unit)범주를 발견했다. 이는 종족집단(People Group)이라고 부른다. 동질 집단 안으로 들어가게 되면 하나님의 다리가 가설된다. 이러한 종족집단을 파고들기 전까지는 교회개척이 이루어질 수 없다. 맥가브란은 교회성장운동과 전방교회개척 운동을 일으켰다. 세번째 시대는 타운젠드와 맥가브란이 부족언어와 동질집단에 주목하길 원한 지 40여년이 지난 후에 이 부족언어와 동질집단에 입각한 미전도 종족에게 복음을 전하는 것에 주목하기 시작했다.

부족언어와 동질 집단의 범주를 잘 활용한 교회개척 운동이다. 같은 부족언어를 쓰는 집단을 사과나무 농장으로 가정하자. 농장에 다양한 100그루의 각기 다른 과실이 아니라 농장 전체가 같은 품종의 사과나무라면 그 사과나무 열매를 거두기 위해 어떤 거름을 주어야 하고 어떤 시기에 가지치기를 하고 어떤 약을 뿌려야 해충으로부터 사과를 보호하고, 언제 종이를 씌워야 사과가 과육이 충만해질 수 있는지 알게 되면 사과나무 농장 전체에 그것을 적용할 수 있을 것이다. 이와 같이 같은 기후 같은 토양, 같은 비료를 사용하니 한 두 그루를 잘 관찰하여 같은 품종의 사과 나무에 적용할 수 있을 것이다. 이것을 교회개척운동에 적용하면 종족언어와 동질 집단을 잘 관찰하고 접촉하여 한 두명의 전도가 이뤄져 하나님의 다리(Bridge of God)가 이뤄지면 그 동일 언어를 쓰는 동족집단에 동족 스스로가 복음을 전할 수 있게 된다.

현대교회의 교회개척 두번째 전략은 교회개척 운동(CPM)이다. 1980년대 후반을 거치면서 미남침례교회 국제선교부(IMB)는 전세계 여러 선교현장에서 발견되는 교회들의 특이한 증가 현상을 분석하는 가운데 공통적 요인들을 발견했다. 이 공통적 요인들이 모아지면서 하나의 가시적인 선교전략이 형성되기 시작했다. 이 선교전략을 '교회개척 배가 운동'(Church Planting Movement: CPM)이라고 지칭했다.

아프리카의 한 아랍어권 종족은 1989년에 5개의 교회와 약 1,000명 정도의 신자만이 존재하였다. 그런데 8년 후에는 13개의 교회와 13,000명 이상으로 성장했다. 이후 매년 5개의 교회와 약 1,000명의 새신자가 추가되었다. 중남미의 한 국가에서는 1989년에 북침례교 연합 95개의 교회에 5,800여명의 교인을 가지고 있었다. 같은 시기 남침례교 연합은 129개 교회에 7,000명 이하의 교인이 있었다. 그런데 이 시기부터 두 침례교 연합 그룹은 놀라운 성장을 했다. 북침례교 연합은 1994년에 545개의 교회로 증가했고 1998년에는 1,340개의 교회로 증가했고, 교인은 52,000명으로 증가하였다. 남침례교 연합도 1998년에는 1,918개의 교회로 증가했다. 교인의 숫자도 16,000명으로 증가하였다. 과테말라의 켁취 족에서는 1964년 단 한 개의 침례교회에 5명의 성도 밖에 없었다. 그러나 1970년대에 놀라운 성장을 보이다가 1997년에는 245개의 침례교회에 20,000여명의 성도들이 있다. 이상의 사례들은 자생적으로 일어난 교회개척 배가 운동의 예들이다. 이 사례들을 놓고 연구하면서 선교전략가들은 공통 요소들을 발견하게 되었고, 이 요소들에서 기본적인 CPM의 전략개념들이 형성되었다.

선교사들의 CPM 전략으로 개척한 운동은 중국 남부의 H 지역에서 발생한 교회개척 배가운동이다. 1991년에 한 명의 전략 조정 선교사가 이 지역에 들어갔다. 1993년 그는 현지에 3개의 교회에 약 85명의 신자를 발견했다. 이 선교사는 교회개척 방법을 사용하여서 1994년에 6개의 새로운 교회를 개척하였다. 이후로 이 운동은 급속도로 성장해서 1998년에는 550개의 교회와 55,000명 이상의 신자로 늘어났다. 이 선교사는 현재 선교지를 떠났지만 교회개척 배가운동은 지속적으로 퍼지고 있다. 다른 예는 중국 남부의 대도시 K지역에서 일어난 교회개척 배가운동이다. 이 경우는 선교사와 현지 중국인 지도자가 함께 동역했다. 이들은 DTC (Discipleship Training Center)를 중심으로 현지인 사역자를 양성해서 이들이 교회를 개척했다. 이 사역 결과 DTC 사역 시작 3개월 만에 1,300명이 그리스도를 영접했고 1,200명이 침례를 받았으며 3개의 교회가 개척되었다. 7개월 후 15개의 교회로 증가했고, 9개월 째는 총 25개의 교회로 성장하였다. 2년 3개월 후에는 57개의 교회가 되었고 1997년 11월에는 450개의 교회로 늘어났으며, 18,000명 이상이 영접하였다.

인도의 볼다리 종족은 보즈푸리(Bhojpuri)어를 사용하며 인도의 4개 주에 걸쳐서 흩어져 있고, 인도와 네팔 등에 17만개 이상의 마을에 살고 있는 약 9천만명 정도의 인구이다. 침례교회는 1947년 보즈푸리에 28개의 작은 교회를 세웠다. 그 숫자는 1990년때까지 증가하지 않았다. 회중들이 건물과 토지에 관심을 가졌기 때문에 생명력을 잃게 되었다. 1989년에 볼다리 종족에 보즈푸리어를 사용하는 왓슨 부부 선교사가 파송되었다. 초기 교회개척 배가 운동은 실패하였으나, 1992년에 그는 새로운 교회개척 배가 운동 방법으로 접근했다. '평화의 사람'(Man of Peace)이라는 맥가브란의 '하나님의 가교'(Bridges of God)와 유사한 개념을 활용했다. 이를 통하여서 1993년에 교회 숫자가 36개로 성장했고 1996년에는 547개의 교회로, 1998년에는 2,000개가 넘는 교회로 증가했다. 2000년 10월 1만7천600개의 전도팀에 의해 5,400개의 교회 안에서 정규적으로 예배를 드리는 인구가 37만 4천 5백명이 되었다. 중국과 인도의 CPM의 DNA는 셀교회와 가정교회 운동이었다. 그 외에도 캄보디아, 페루의 카자마르카 족, 토고의 이페 족, 인도의 콘드산 쿠이 족, 브라질과 모잠비크에서 일어난 교회개척 등 배가 운동의 사례들이 있다.

CPM의 핵심은 3가지 개념이다. 첫째, 급속한 둘째, 배가증식, 셋째는 토착교회다. CPM의 주창자 데이빗 게리슨(David Garrison)은 교회개척운동의 10개의 보편적 요소를 발견했다. 첫째, 집중적인 기도운동. 둘째, 왕성한 전도. 셋째, 국제적 교회개척, 즉 현지인과 외국인 선교사의 동역. 넷째, 성경의 권위에 대한 강조. 다섯째, 현지 지도자 중심의 전략. 여섯째, 평신도 지도자에 대한 강조이다. 급속한 교회 배가는 필연적으로 평신도 지도자들에 의해서 이루어져야 한다. 일곱째, 셀 교회 또는 가정교회 형태. 여덟째, 교회가 스스로 교회를 개척한다. 셀교회가 배가 되어 셀 교회를 낳는다. 아홉째, 급속한 재생산. 열째, 건강한 교회이다.

현대교회의 교회개척 세번째 전략은 T4T(Training for Trainers) 교회개척 배가 운동이다. T4T 교회개척 배가 운동은 일정그룹이나 인구내에서 교회개척을 하는 토착교회들의 급속하고 배가적 증가를 말한다. 2000년 초반이 되자 이 CPM 전략에 새로운 훈련 개념이 추가되기 시작했다. 이를 '훈련자를 위한 훈련'(Training for Trainers: T4T)이라고 부르면서 CPM 전략과 짝을 이루는 훈련개념으로 인정받았다. CPM 사례 연구자료를 보면 대부분이 지도자 훈련 프로그램을 중심으로 CPM 운동이 형성되는 것이 사실이다. 페루의 카자마르카 지역과 인도의 쿤드산 지역에서의 농업 프로젝트를 통한 지도자 훈련, 캄보디아에서의 RLTP(농촌

지도자 훈련 프로그램), 중국 남부 K지역에서의 DTC(Discipleship Training Center) 프로그램, 모잠비크에서의 TEE와 교회 지도자 훈련 프로그램, 브라질에서의 개척전도 훈련 등 대부분의 경우 지도자 훈련을 중심으로 일어난 사례들이다.

CPM을 유지하기 위해서는 낮은 수준의 지도자의 급속한 증가와 적절한 지속적 연장훈련의 절묘한 균형이 요건이다. 지속적인 CPM 사역은 지도자 훈련과 공급에 달려있다. 이 균형이 깨어지면 어느 쪽이 되던 CPM의 한계를 맞게 된다. 이에 대한 대안으로 등장한 모델이 T4T이다.

T4T는 12-18개월 간에 걸쳐서 훈련된 사람들로 하여금 믿지 않는 사람에게 복음을 전하고, 새 성도들을 훈련시켜 세대를 이어가며, 제자를 양성하는 공동체를 형성하도록 하는 복합적인 훈련과정이다. T4T는 CPM의 목적인 교회개척보다는 교회개척에 필수적인 재생산 가능한 훈련자를 개발하는 것에 초점을 맞추었다. T4T를 통해서 10년 9개월 동안에 총 173만 8,143명이 신앙을 가지고 침례를 받았으며 총 15만 8,993개의 교회가 개척되었다. T4T에서 특징은 첫째, 씨를 많이 뿌리되 좋은 토양에 집중하는 것이다. 20% 원리이다. 실제 씨를 뿌리고 열매를 기다릴 때 좋은 토양으로 60배 100배의 반응이 나오는 경우는 훈련 참가자의 20%를 넘지 못한다. 둘째, 단순한 제자훈련이 아니라 세대를 이

어서 교회를 개척하는 제자를 만드는 것에 초점을 맞춘다. 제자의 성숙도는 순종에 근거하는 것이지 지식의 양에 근거하지 않는다고 보았다. 그러므로 초신자라는 개념이 없고, 오히려 초신자를 더 순종할 가능성이 높은 자원으로 본다. 새로운 신자가 바로 배운 만큼 다른 사람에게 가르친다.

교회개척운동에 대한 비판적인 수용으로

교회개척은 현지인 목사를 훈련하여 현지인 토착교회를 세우는 첫번째 시대의 전략이 있었다. 두번째 시대의 교회개척은 개척의 내지 선교에서 교회개척의 4단계에서 협력, 참여의 단계에 이르기도 전에 식민국가가 와해됨으로 선교가 중단되었다. 세번째 시대의 교회개척은 부족언어, 종족단위라는 범주 아래 로잔 대회에서 미전도 종족 선교가 특정되었다. 교회개척은 특이하게 교회개척운동 현상이 나타났고 그 기저에는 중국의 셀교회운동과 인도의 가정교회운동이 교회개척운동 전략을 생성했다. 이제 T4T교회개척 운동은 토양이 좋은 곳에 씨를 뿌려 전도자를 얻고 그들이 바로 전도자가 되는 양상으로 IT의 속도처럼 급속한 배가 운동을 전개하고 있다. 한국교회 선교는 최근 선교전략의 발전에 따른 관점에서 볼 때 재생산성이 없는 것이 큰 취약점 중의 하나이다. 그러므로 CPM 전략과 T4T는 좋은 선교전략 중 하나이다. CPM과 T4T교회개척운동에 대한 비판도 따른다. 그러나 미전도 종족의 복음화를 위해서는 비판을 수용하며 약점을 보완해 가는 절충적이고 비판적인 수용이 필요하다 하겠다.

참고문헌
Ralph Winter, Steven C. Hawthorne, & 한철호 공동 편저
「미션 퍼스텍티브 1권 성경적 역사적 관점」 (서울:예수전도단, 2012)
David Garrison, 「하나님의 교회개척 배가운동」 이명준 옮김 (서울: 요단, 2017)
이현모, "CPM 선교전략과 T4T 개념의 이해와 실제", 「선교와 신학」
2013. Vol. no.32,111~138.
Joshua Project. Net

김원희 선교사

셀교회구조의 가정교회

"셀 세포의 존재 이유는 성장이 아닌 증식에 있다"

"교회 개척은 어떻게 해야 하나요?" 건강한 교회 개척의 조건을 묻는 사람들이 많다. 자치 자립하는 교회? 제자를 잘 양육해서 현지인이 개척하게 하는 교회개척? 그때 그때 그냥 대답한다. 답이 없는 것은 아니다. 그러나 그것을 말하면 이런 소리를 듣기 십상이다. "에이 그런 뻔한 것 말고요." 그래서 주저한다. 여기에도 쓸까 말까 망설였다. 그것은 다름 아닌 건강하고, 자립 가능하고, 전도 지향적인 소공동체 교회를 개척하라는 것이다.

건강한 교회

교회개척을 했는데 성도들이 늘지 않고 정체되어 있다면 성도들의 책임이 아니다. 나는 교회 성도들이 늘지 않았다고 주눅들지 않는다. 다만 나는 건강한 교회를 위해 성도들이 자신의 구원과 확실하게 알 때까지 양육한다. 구원의 감격을 다른 사람에게 전할 수 있도록 구원을 확신할 때까지 격려하고 말씀으로 양육한다. 복음의 확신이 있어야 전도할 수 있다. 요즘 공부하면서, 강의하면서 절실히 느낀다. 건강한 교회는 그리스도를 영접한 순간 그 사람이 전도자가 되도록 격려하는 것이다.

북인도 보즈푸리(Bhojpuri) 족에게 사역했던 데이비드 왓슨(David Watson)은 사역 18개월 동안 동역자 6명이 순교했다. 그리고 그는 인도정부로부터 추방당했다. 보즈푸리 족은 카스트 제도와 토지 분쟁으로 훼손된 인도 북부의 매우 비옥한 갠지스 평원에 살고 있다. 그들은 대체로 극심한 가난 속에서 살아가며 외부인과 외부 영향에 대해 적대적이다. 그러나 이 지역은 비옥한 역사적 배경을 갖고 있다. 고타마 부다(Gautama Buddha)는 이 지역에서 깨달음을 얻어 첫 설법을 했다. 요가와 자이나교(Jainism)가 모두 이곳에서 유래했다. 왓슨이 사역을 포기하려고 했을 때 복음을 들어야 할 9천만명의 보즈푸리 족이 있었고 하나님이 사명을 포기하는 것을 원치 않으셨다. 그는 기도하며 5명의 동역자를 훈련했고, 2년 뒤 한 해 동안 8개, 다음 해에 148개, 다음 해 327개 교회, 다음 해에 500개 다섯 번째 해에 개척교회가 천개가 되었고, 백만명의 침례자를 얻었다.

건강한 교회를 개척하려면 어떻게 해야 하는가? 소공동체(셀) 교회를 개척해야 한다. 셀교회는 전도 지향적이기 때문에 건강하다. 소공동체 교회(셀)는 말씀 안에서 삶을 나누기 때문에 공동체의 결속력이 강하다. 소공동체(셀) 교회는 12명으로 이루어진다. 12명이 넘으면 배가하기 때문에 전도 지향적이다. 셀은 생명의 최소단위이자 기본단위이다. 셀 세포의 존재 이유는 성장이 아닌 증식(배가)에 있다. 복음을 들은 사람이 바로 복음 전도자가 된다. 세포가 증식하기 때문에 건강한 교회를 유지할 수 있다. 셀교회는 가정에서 돌아가며 예배를 드리기 때문에 교회건물을 필요로 하지 않는다. 사역자는 건강한 교회를 개척할 수 있도록 소공동체(셀)교회 리더들을 교육하고 훈련하는데 전심을 다해야 한다.

교회는 건물이 아니라 사람이다. 한 사람 한 사람이 모여 그리스도의 몸을 이룬 것이 교회다. 존 맥아더(John Fullerton MacArthur Jr., 1939~)는 에클레시아, 즉 교회를 '하나님의 불러냄을 받은 자들, 세상에서 별개의 실체 즉 그리스도의 몸이 되도록 부름받은 자들'이라고 정의한다.

자립 가능한 교회

교회개척 후 자립 가능할 수 있을까? 가능하다. 소공동체(셀) 교회는 자립이 가능하다. 첫째, 소공동체(셀) 교회는 모두가 사역자이기 때문이다. 소공동체(셀) 교회는 만인 제사장 공동체다. 소공동체(셀) 교회 구조는 셀 리더, 부 셀리더, 재정부장, 새교우 부장, 찬양 부장, 봉사 부장, 어린이 부장, 중보기도 부장, 오락 및 행사부장, 선교와 전도부장, 교육부장 등의 구조를 가진다. 때문에 자치가 가능하다. 전도, 선교, 재정, 새 교우, 중보기도, 봉사 등 교회 안에서 이뤄지는 중요한 사역들을 12명 전원이 사역을 담당한다.

둘째, 소공동체(셀) 교회는 각 가정에서 모이기 때문에 교회 건물이 필요하지 않다. 인도의 경우 영국의 식민 선교 시기 200년간 많은 헌금을 들여 영국과 미국 선교사들이 고딕 교회 건물을 지었다. 인도가 1947년 8월 15일 독립하게 되자 그 교회들은 고딕으로 멋지게 지어졌지만 주일에 겨우 두 세 사람이 예배를 드린다. 재정이 없어 유지보수를 하지 못하는 교회 건물도 많아 흉물로 방치된 곳도 적지 않다. 필자에게 인도 감리교단은 5에이커(20,000m2)의 땅을 무상으로 제공할 테니 97년간 마음껏 신학교와 기숙사 등 건물을 지어 사역하자고 요청한 적도 있다. 영국으로부터 독립이 되고 인도에는 이만 건 이상 소송으로 건물을 사용하지 못하고 흉물로 방치된 교회가 수두룩하다. 교회개척에 주는 이만한 실물 증거와 교훈도 없다.

셋째, 헌금의 투명성과 자립구조이기 때문에 자립이 가능하다. 12명의 헌금으로 재정의 25%는 선교와 전도에 사용한다. 재정의 25%는 사회 봉사와 이웃에게 봉사하는데 쓴다. 50%는 셀 교회 운영을 위해서 사용한다. 따라서 재정으로 인해 어려움이 생기지 않는다. 셀교회는 전 신자의 사역자화, 즉 만인 제사장 공동체이기 때문에 셀 교회 일원은 모두가 사역자다. 소공동체(셀)교회 구조는 교회의 존재 이유인 대 사명(마28:18~20) 선교와 전도, 대 계명(마22:37~39)인 이웃 사랑인 봉사를 실천한다

나는 한국에서 셀 교회 리더로 8년 동안 셀 교회를 섬긴 적이 있다. 각 집에서 모였다. 셀 교회 헌금으로 선교지에 매달 선교헌금과 사회봉사 단체에 봉사헌금을 보냈다. 물론 이 사역은 재정담당자가 감당했다. 해외 선교에 동참하고 봉사활동에도 참여했다. 나머지 50%의 재정으로 침례식, 셀 배가식, 매주 셀모임으로 모이는 예배에 간식비로 사용했다.

인도는 2000년 동안 복음이 전해졌지만 역사적으로 쌀 신자를 양산했다. 이런 오점이 있는 나라에서 가장 중요한 이슈가 자립이다. 인도의 교회들이 자립하지 못하는 데는 식민제국주의 선교와 초창기 개신교 선교사들의 전략 부재와 시행착오 등 많은 이슈가

있다. 그러나 가장 중요한 요인은 카스트 제도라는 뿌리깊은 관습과 국가 전체의 부패다.

그런데 최근 극심한 핍박으로 교회에서 예배를 드리지 못하게 되었다. 교인들은 매주 성도들의 집을 돌아가며 예배를 드린다. 이러한 전통교회를 셀 교회로의 전환은 결속력을 저해하기 때문에 매우 어렵다. 최근 나는 신생교회 목사들에게 셀교회형 가정교회개척 운동(망고나무농장 프로젝트)세미나로 셀리더훈련을 했다. 셀 교회는 박해와, 가난, 코로나와 같은 전염병이 와도 지속가능하고 자립가능한 모델이다. 소공동체(셀) 교회는 초대교회와 같이 성경적이다. 랄프 네이버는 성경적 에클레시아를 셀(소공동체) 교회로 보았다.

전도 지향적인 교회

셀(소공동체) 교회는 전도지향적이다. 교회 모임을 할 때 셀 교회에 초대할 전도 대상자를 위해 빈 방석을 놓고 함께 기도한다. 전도 대상자가 셀 교회에 오면 그는 곧 바로 전도자가 된다. 새 생명, 새 가족 성경 프로그램에 참여하기 때문에 구원의 확신을 얻게 된다. 그 구원의 확신의 감격으로 바로 전도자가 된다.

나는 20년전 꿈에 주님이 나타나 "교회 가라"는 명령을 받고

집 앞에 있는 교회에 처음 나갔다. 그리고 바로 새 생명을 공부했고, 침례를 받았다. 침례 받기까지 5주가 걸렸다. 구원의 확신과 감격으로 그날부터 간증자와 전도자로 살았다. 나는 예수 그리스도를 만난 후로 거의 1년 동안 점심을 제대로 먹지 못했다. 만나는 사람 마다 간증하고 전도했기 때문이다. 네 달이 지나 셀리더가 되었고, 셀 교회를 통해 해외선교에 동참했다. 어느 날 인도 선교에 참석하던 중 마침내 세계 선교에 부르심을 받았다.

셀 교회는 연합과 중보, 사역의 활성화와 무엇보다도 삶의 나눔과 기도 응답을 통해 하나님께서 생생하게 살아 계심을 경험한다. 셀 교회 식구들은 20년이 지난 지금까지도 서로 안부를 묻고 결정적인 순간에 만나며, 지속적인 교제를 한다.

나는 은혜로 "하나님의 교회의 영광을 위하여"라는 핵심가치를 가진 미국 남침례교단의 미드웨스턴 신학교(Midwestern Theological Seminary)에서 학업을 하게 되었다. 박사원에서 세계에 하나 밖에 없는 「교회론」 과목을 갖고 있는 신학교이다. 교회론을 공부하며 교회사를 통틀어 종교개혁 이후 역사 속에 존재하는 교회 모델을 연구했다. 이 교회론 과목을 마치고도 교회론을 통해 배운 것을 교회개척에 적용할 생각을 못했다. 그런데 코로나 펜데믹 2년 동안 사역지에 가지 못하고 연구만 하던 중 내가 찾던 성경적이고 건강하고 전도 지향적이며 자립가능한 교회모델 즉,

파랑새는 바로 내 옆에 있었던 것을 깨달았다. 어느 날 문득 2000년 교회 역사를 돌고 돌아 신자들의 교회와 각 교회개척 모델들을 연구하고 마침내 깨달은 것이 셀 교회형 가정교회 개척 모델이었다. 이미 인도에는 '가정교회'라는 집에서 모이는 교회가 존재하는데 집에서만 모일 뿐이지 전통교회와 마찬가지의 교회 구조였다. 인도의 가정교회 안에 셀 교회 구조를 가진 셀교회형 가정교회모델을 개척해야 된다는 통찰을 갖게 되었다. 너무 안타까웠다. 셀교회에서 신앙생활을 시작했던 내가 누구보다도 더 잘 할 수 있는 것이 셀교회 운동이었다. 이제라도 그것을 성령께서 깨우쳐 주심에 감사했다. 성령께서 조명해주시지 않았으면 휴지조각처럼 버렸을 것이다.

소공동체(셀) 교회 개척운동

필자는 2003년 지구촌 교회가 셀교회로 전환한 이후 셀 리더로서 출석 성도 2004년 12,000명에서 2009년까지 35,000명이 되는 그 엄청난 부흥의 현장 속에 있었다. 그러한 셀교회 경험을 인도선교에 적용해야겠다는 생각은 이내 한국형 모델을 인도에 적용하는 것은 바람직하지 못하다는 생각에 지우곤 했다. 그런데 지난 13년동안 깨닫지 못한 것을 인문학 연구를 통해 깨닫게 되었다. 7

년간 비싼 학비와 시간을 학업과 연구에 들이고 얻은 깨달음이다.

　교회개척을 한다면 나는 주저 없이 소공동체(셀) 교회를 개척하라고 말한다. 그것도 그냥 하나 둘씩 교회 개척하기를 원하지 않는다. 사과나무 농장이나 망고나무 농장에 수많은 열매가 달리 듯이 농장을 만드는 교회개척 운동(church planting movement)을 하기를 권한다. 인도에는 아직도 복음을 들어야 할 인구가 14억 명이 있기 때문이다. 인도는 센서스 조사(2011)에 의하면 1,599개의 언어를 실제로 사용한다. 각 종족의 언어로 자신들의 종족을 변화시킬 셀 리더들이 몰려오기를 기도하고 있다. 전 세계 미전도 종족 7,391종족 중에 인도에는 2,373개의 종족이 살고 있고, 그 중에서 2,135종족이 미전도 종족이다. 각 종족의 사람들이 대도시 델리로 모여들고 그들이 셀 리더로 훈련 받을 수 있기를 기도한다. 각 나라에도 복음을 필요로 하는 많은 종족과 언어를 사용하는 사람들이 있을 것이다. 교회개척을 한다면 건강한 교회, 자립가능한 교회, 지속가능한 전도지향적 교회를 개척해야 한다. 그 전략은 바로 소공동체(셀) 교회 개척운동이다.

문갈렙 선교사

닫힌 마을을 열어가며

두 아이가 출발선이 되어

2005년 성탄절은 하나님께서 나에게 인도네시아를 소개해 주신 특별한 크리스마스였다. 비거주 선교사로서 복음이 심히 필요한 여러 나라를 돌며 전도사역자를 세우는 사명을 섬기는 중에 갑자기 주님은 우리 부부를 인도네시아로 가야만 하는 상황으로 인도하셨다. 기도도 해 보지 못한 나라로도 이렇게 보냄을 받는 수도 있나 하는 의아함과 함께 열대 우림의 이미지만을 안고 정탐이라는 명목으로 몇 주간 인도네시아를 들어갔다. "너희 모든 일을 사랑으로 행하라!"라는 말씀도 있고, "여호와께서 가라사대 '장래 일을 내게 물으라!"하신 말씀이 뇌리에 떠올랐다. 정탐이라고 하기보다는 과연 내가 그 나라에 들어가 사역하는 것이 하나님께서 정하신 뜻인가를 확인하고 싶었다. 당시 나는 머러바부산 중턱에 있는 한 작은 산골 교회 성탄 예배에 초대받고 참석하였다. 거기서 초등학교를 졸업하고도 중학교에 가지 못한 두 소녀를 위해 기도 해달라는 부탁을 받고 기도하는 중에 하나님께서는 분명한 사인을 주셨다. "네가 와서 이런 산골 아이들을 섬기라!"는 명령이었다. 이듬해 5월 두 말 없이 나와 아내는 이민 가방 서너 개에 최소한의 짐을 꾸려 인도네시아로 부임하였다.

언더우드 선교사님의 일기에 '보이지 않는 조선의 마음'이라는 시 형식의 글이 있다.

주여! 지금은 아무것도 보이지 않습니다.
주님, 메마르고 가난한 땅
나무 한 그루 시원하게
자라 오르지 못하고 있는 땅에
저희는 옮겨와 앉았습니다.

나도 이 마음과 같은 마음이었다. 그렇지만 그 산골 마을에서 내가 할 일이 분명히 있다는 확신이 들었다. 무엇으로 어디서부터 섬겨야 할지를 기도로 여쭈어 가며 마을들을 순회하며 산골의 주변을 살펴보는 중에 주님은 몇 가지를 보게 하셨다. 그 중 한 가지는 심히 부족한 교육환경이었고, 다른 한 가지는 농사를 지어 살아가는 주민의 경제 상황이 부채의 굴레 속에서 살아간다는 것이었다.

먼저 마을마다 어린이들이 모여 공부하는 공부방 모임을 만들고 아이들에게 널리 알렸다. 마을 유지의 지지와 도움을 받아 그 유지의 주택 거실을 공부방으로 정하고 아이들을 초대하였다. 공부방 이름도 '꿈나무'라 작명하여 간판을 걸었다. 아침에 등교하면 2~3시간만 잡고 있다가 아이들을 집으로 돌려보내는 것같이 여겨지는 산골 공립학교의 실상을 보면서 공부방은 아이들에게 큰 도움이 될 것이라는 확신이 들었다. 교과목을 가르치는 것에 그치지 않고 예절과 애국심, 무엇보다도 구원의 믿음으로 기초를 형성하고 그 토대 위에 꿈을 심어가는 일을 착실히 하게 주님은 인도하셨다.

닫힌 마을마다 어린이 공부방을 열어가다 보니 공부방 마다 가르칠 교사가 점점 많이 필요했다. 처음에는 스텝들과 함께 가르쳐 보았으나 역부족이었다. 중학생 과정의 영어나 물리, 수학 과목에는 신학생들이 힘겨워 하며 교사 충원을 요청했다. 인근 소도시에 마침 종합대학이 하나 있어 사범대학생들을 찾아가 재능기부를 요청하며 봉사에 대한 증명서를 발급해 주겠다고 격려하며 동원하였다. 자원봉사자 10여 명이 우리 사역에 동참하게 되어 공부방은 부흥해갔다. 아이들의 학교 성적이 오르고 진학할 열망도 가져 여러 아이가 상급학교로 진학하게 되었고, 고졸 후 한국에까지 유학 가서 석사학위를 받고 한국기업에 취업한 학생도 생겨났다. 헌신하여 신학교로 진학하여 초등학교 종교 교사가 된 아이들도 여럿 있어 사람을 세워가는 중 보게 되는 열매가 참 아름답고 알찼다. 나 또한 한국의 산골 마을 태생이지만 꿈을 가지고 자란 간증을 아이들과 나누었다. 꿈은 마치 하나님이 인간에게 주신 언약처럼 내가 품은 꿈을 하나님께서는 성취시켜 주셨음을 기회 있을 때마다 아이들에게 들려주었다. 성경에 언급된 모든 하나님의 언약과 예언들이 다 성취되고 이 세대의 마지막에 이루어질 몇 개의 언약(예언)만이 성취를 앞두고 있듯이 꿈을 가진 아이는 다르다는 것을 어린이들에게 자주 상기시켰다. 아울러 학부모들에게도 경작할 채소를 결정하는 데서부터 시비를 무엇으로 하면 작물이 잘 자랄 것인가에 이르기까지 농사 경영의 아이디어를 나누며 지혜로운 농부가 되는 꿈을 심어갔다. 그랬더니 농사가 풍작을 이루었고, 좋은 값에 팔아서 소득이 오르니 마을 숙원 사업들도 더불어 해결해 나갈 용기와 능력을 얻게 되어 관계의 다리가 견고해져갔다.

한 시대의 인류를 위한 꿈과 언약과 예언도 있지만, 하나님은 작은 한 영혼의 소박한 꿈에 대하여서도 친히 섭리하시고 인도하시며 이루어질 때까지 특별한 관심과 사랑으로 함께하신다고 믿는다. 우리가 모든 일을 사랑으로 행하고, 작은 일도 하나님께 여쭈어 방향과 방법을 정하여 실천하면, 주님께서는 반드시 필요를 공급하시며 부흥의 길로 인도하시며 아름다운 열매를 꼭 보여주신다는 것을 경험할 때 사역 특유의 감동을 체험하면서 계속 감사로 이어지게 되는 것을 경험하고 있다.

문갈렙 선교사

소도, 사람은 더욱 잃지 말아야

- 사역 실패 사례

사람의 마음을 얻는다는 것은 쉬운 일이 아니지만 매우 중요하다. 마음을 얻으려면 먼저 그 마음을 열어야 가능하다. 그래서 어떻게 그들의 마음을 열까? 하는 문제의 답은 모든 선교사가 기도하면서 고민하고 씨름하고 찾는 것 중의 중요한 하나이라 생각한다. 열었다고 그 다음 마음을 얻는 것이 자동으로 따라오는 것도 아니다. 단계별로 넘어야 할 턱도 있고 다가가는 순서도 있고, 다져가며 한 발짝씩 나아가야 할 필요가 있다. 상거래에서도 고객의 마음을 얻기가 그리 쉽지 않듯이 더구나 영혼의 구원을 위해, 영원한 천국을 향한 길로 초대하기 위해 불신 영혼의 마음을 열기란 역시 쉽지 않다고 생각한다. 이 일을 내 힘으로 하려면 불가능에 가깝다. 주님은 우리가 복음을 전하기 위하여 몸부림치는 모습을 보시는 것만으로도 매우 기뻐하신다는 것을 말씀으로 알 수 있다. 그러나 주님은 한 영혼을 위하여 우리가 가질 마땅한 사랑의 마음과 기도로 준비하는 모습을 보시기 원하신다. 그러기에 매번 일사천리로 열리도록 인도하시지는 않으신다고 생각한다.

마을 사람들의 마음을 얻기 위하여 무엇을 통해 관계 형성을 하고 관계를 견고히 구축해 갈까를 생각하다가 소 사육을 생각하게 되었다. 농촌의 현실이 해마다 줄어들지 않고 오히려 쌓여만 가는 부채로 힘들어하는 모습을 보고 좋은 아이템이라 생각한 것이 소 배내 사육이었다. 송아지를 사서 농가에 한 마리씩 분양하여 큰 소로 자라면 팔아 송아지 값을 돌려받고 농부는 점점 빚에서 헤어나오게 하는 의도였다. 돌려받은 송아지 값으로 또 다른 가정에 송아지를 분양하는 사역이 매우 효과적이라고 생각했다. 우선 열 마리를 가지고 시작하였다. 마을 주민 전체를 대상으로 다 배정하기도 무리이고 하여 마을 대표를 통해 추천 받은 경제적으로 어려운 가정과 사육계약서를 작성하고 송아지를 맡겼다. 송아지 마리 수는 점점 불어나 80마리 정도가 되어 여러 마을에 걸쳐 분양되어 자라게 되었다. 이를 계기로 마을을 출입하는 횟수도 늘어나고 무럭무럭 자라는 소들을 보는 행복도 점점 커갔다. 소가 자랄수록 소들을 좋은 값에 팔아 지금까지 소를 기른 가정에 배당하고, 또 다른 어려운 가정에 배내사육을 맡기는 식으로 점점 확산하여 갔다. 마을 사람과의 관계 형성에 좋은 매개가 되었다. '이러다가 축산을 통해 빈농을 살리는 귀한 사역의 성공사례를 만들게 되었구나'하고 눈을 감고 생각하면 흐뭇하여 웃음이 자꾸 나왔다.

소들이 자라 수소는 큰 덩치로 자랐고, 암소는 새끼를 낳는 놈도 생겨 겹 경사가 이어졌다. 이제는 소 값이 좋은 계절에 시장에 내다 팔아 배당을 나누는 작업이 시작될 것을 생각하니 마음이 바빠졌다. 기쁨으로 단을 거두는 추수의 계절이 온 것이다. 추수의 설렘과 기대 위에 여러 동네에서 들려오는 원치 않는 소식이 물을 끼얹었다. 소를 팔기 위해 기른 농부와 송아지를 맡긴 측이 협의할 단계에서 이미 소를 팔아버린 농가가 속속 나타났다. 임의의 날짜에 임의로 소를 이미 팔아버린 것이다. 소를 판 돈의 정산이 힘들어지기 시작하였다. 얼마에 팔렸는지 가격과 돈의 행방도 오리무중이 되는 수가 많았다. 소를 팔고서 우리에게 돈을 전해주기 위해 보관하다가 급한 일이 생겨 우선 사용했다는 사람도 있었다. 혹은 소 판 돈을 사기 맞았다는 사람도 생겼다. 어떤 사람은 아예 만날 수가 없었다. 우리 사역자들이 마을에 들어가면 소를 처분하고 돈을 다 써린 농가는 집을 비우고 어디론가 가버려 만날 수가 없게 되었다. 돈독하던 관계가 무너져 내리고 갈라지는 소리가 들렸다.

외국인이고 사역자인 우리를 보는 주민들의 인식에는 '이 정도를 잃는다 해도 문제될 것이 없는 넉넉한 재정을 가진 자' 라는 것이다. 물론 거저 받은 소중한 것을 거저 주려고 이 나라에 왔기에 무엇이나 기꺼이 나누고 베풀고자 하지만 그냥 주는 것보다 서로가 주고받을 떳떳한 조건을 통해 건너가게 하려는 시도는 생각과 같이 쉽지 않았다. 현지인들이 보는 외국인은 엄청난 재정 공급의 파이프를 가진 자들이기에 그 정도는 푼돈에 지나지 않는다고 여기고 있는 것을 확인하고서 아차! 하였다.

　　결국 소 배내사육 프로젝트는 실패로 끝났고, 후원 성도들이 보내준 소중한 후원금 상당액이 안타깝게도 소를 따라 사라졌다. 소만 잃은 것이 아니었다. 소가 사라짐에 따라 친분을 쌓았던 사육가정도 우리를 만나기를 원치 않게 되었다.

　　현지 주민과의 사이에 돈이 오가는 사역(마이크로 크레딧, 축산 배내사육 등)을 사역자로서 시작하는 것 자체는 반드시 심각한 영적 물적 손실을 초래할 수밖에 없다는 소중한 교훈을 경험으로 얻게 되었다. 그 이후 사람을 세우고, 마을 공동의 유익을 위한 개발과 어린이 공부방 사역에 집중하는 방향으로 사역을 전환하는 계기가 되어 감사하며 사역을 이어가게 되었다.

문갈렙 선교사

공항 가는 길 세 사람

사역지를 떠나며

2006년 5월, 그 이전에는 기도에서 조차도 언급해 보지 않았던 나라, 나에게 있어 미지의 나라 인도네시아를 선교지로 발령받고 부임차 그 나라에 입국하였다. 수도 자카르타에서 다시 비행기를 갈아타고 내린 센트럴 자바에서의 두 번째 아침인 5월 27일에 강진이 일어나 진앙지로부터는 다소 거리가 있었지만 난생처음 침대가 매우 불쾌하게 흔들리는 지진을 경험하였다. 한 사람의 복음의 일꾼을 겁 먹여 돌려보내려는 사단의 방해라 여기기에는 너무나 많은 희생자를 낸 2006년 족자카르타 대지진이었다. 차를 빌려 급히 쌀과 미네랄 워터와 몇 가지 생필품들을 싣고 현장으로 달려가 전했지만 6,000여 명의 사망자를 낸 폐허가 된 지역을 둘러보면서는 기도 밖에 다른 말이 안 나오는 참담한 지진 현장이었다. 결국 정착 자금으로 한국에서 가져간 달러의 거의 전부를 구호금으로 내놓을 수밖에 없었다. 어쩌면 나를 부르시어 파송하신 주님께서 때마침 그 땅에서 일어난 자연 재난의 현장 가운데 나를 세우시고서 앞으로 어떤 마음가짐으로 섬겨가야 할 것인가에 대한 뼈저린 가르침을 주시지 않았나 생각한다. 그 이후로도 2년마다 주기적으로 일어나는 화산폭발과 지진으로 내가 섬기는 산악마을 주민들은 자주 피난민이 되어 임시거처에서 생활해야 하는 험난한 처지가 되곤 하였다. 임시 수용 시설의 핍절한 상황 가운데서 만난 마을 주민들과는 고난을 계기로 짧은 시일에 매우 친밀해질 수 있었다. 머라피 화산 산자락 마을 영혼들의 눈높이에서 주 예수님의 이름으로 섬기고 사랑하며 그들과 함께 고민하면서 농사를 짓고, 마을의 숙원사업을 함께 땀 흘려 해결하며 지냈다. 그리고 방과 후 공부방을 열어 아이들을 가르치고 섬겨 온 지 17년, 때가 이르매 주님은 그 모든 사역을 현지 일꾼들에게 이양하고 귀국하라는 마음의 음성을 주셨다. 말씀대로 순종하고 귀국 편 비행기에 몸을 실으려고 공항으로 나서는 길이었다.

오래 함께 마을들을 섬겨온 터라 신실한 스텝들 모두가 공항까지 가서 작별하고 싶다지만 귀국 짐으로 여러 개의 큰 가방에다 자잘한 핸드 케리 가방들이 공간을 차지해 대표로 몇 사람만 공항까지 가서 환송하기로 정했다며 세 사람의 스텝이 함께 탄 후 공항을 향해 출발하였다. 선발된 단 세 사람은 공교롭게도 모든 스텝 중에서 회심 전인 단 세 형제들이었다. 하지만 그들은 모든 사역 프로그램에서 똑같이 기도하고, 예배 드리고, 영성모임에서 성경말씀을 읽는 등 한 목적을 따라 같이 사역을 함께 이어온 일꾼들이다. 작년에 급환으로 세상을 떠나기 전 병문안 차 두세 차례 병원으로 가서 복음을 전했을 때 진지하게 듣고는 영접한 후 세상을 떠난 형제의 부인도 타고 있었다. 또 한 사람은 나와 가장 오래 같이 일한 형제로 사역지 곳곳을 함께 누빈 사역용 승합차를 모는 운전기사였다. 그리고 마지막 한 사람은 사우디아라비아 메카까지 다녀온 정직을 생명처럼 아는 종교적 자긍심이 강한 자매였다. 그동안 매일 새벽, 이들의 이름을 부르며 기도하여 온 것은 물론, 강요하거나 조급해 하지 않고 가끔 복음을 나누기도 하였지만, 시간이 걸리더라도 이들에게는 삶으로서 그리스도의 사랑을 보여주어야겠다는 마음이 들어 일상의 모습을 항상 가다듬으며 살아왔다. 그런 점에서 이들은 어쩌면 우리 캠프 내에서 이미 믿고 구원받은 크리스천 사역자들로 하여금 경성하여 사역하도록 하나님께서 우리 곁에 세워 두신 파수꾼이 아니었나 생각한다. 캠프 밖 필드에서 만나는 수많은 영혼을 어떤 마음으로 대하고, 섬겨야 할 것인가에 대한 실제적 연습을 이들을 매일 대하며 미리 훈련시키신 것이 아닌가 하는 생각이 들었다. 가장 지근거리에서 함께 일했지만, 떠날 때까지 이 세 영혼을 주님 앞으로 온전히 인도하지 못한 미완성의 중요한 한 과제를 공항 가는 길, 이 땅을 떠나기 전에 완수하라고 세 사람을 태워 주셨다고 믿었다. 성령님께서는 자연스러운 분위기에서 이들 각자와 관련된 일화를 회상하는 것으로 대화의 장을 열게 하시며 복음으로 연결되도록 인도하여 주셨다. 공항까지 한 시간 10분의 거리는 이들의 마음이 열리기에 적당한 시간이었다. 부디 씨는 "내 집에 자주 나타나던 귀신들이 주 예수님의 이름으로 명하니 다 도망가는 것을 경험했습니다."라며 모든 잡신들이 주님의 이름만 들어도 두려워 떨고 도망가는 것을 어느 날 밤 나와 함께 기도하는 중에 경험하였던 것을 간증하였다. 할렐루야!

이 세 사람에게 주려고 미리부터 기도하며 골라 준비한 나의 소지품 하나씩을 건네며 공항 대합실에서 작별을 마무리하였다. 나이가 제일 많은 '부디'씨에게는 거듭난 이후의 삶을 주님이 기뻐하시는 의미 있는 시간으로 이어가라며 나의 손목시계를 벗어 주었다. 메카를 다녀온 '이스나'자매에게는 나무 십자가 목걸이와 내가 자주 착용하였던 대한민국 기독장교회(ROTC)가 새겨진 펜던트를, 그리고 '레트노'자매에게는 화사한 꽃 그림이 새겨진 아껴 쓰던 찻잔한 쌍을 주면서 차를 마실 때마다 자매를 위해 기도하는 누군가가 있음을 기억하고 모든 무거운 짐을 주님께 맡기고 살라고 당부하였다. 한국 가서도 날마다 기도할 터이니 주님 안에서 진정한 평안을 누리며 살기를 바란다며 눈물 흘리는 그들을 다독이고는 헤어졌다.

제 5 장

◆

새로운 길을
개척하며
- 서평

황보영 선교사

쉬운 글쓰기 당신도 할 수 있다
-『글쓰기 훈련소』를 읽고

지은이: 임정섭

초판발행: 2009년

출판사: 경향미디어

이 책은 <경향 신문>, <서울 신문>에서 기자로 활동하다가 현재
는 인터넷신문을 운영하며 기자를 양성하고 있는 임정섭 저자가
쓴 글이다. 그는 현재 '글쓰기훈련소' 소장으로 기자를 양성하고
있고 글쓰기 멘토가 되었다. 기자 양성 경험으로 쓴 글이라서 그
런지 실제적인 팁이 가득하다. 부제목이 '간단하고 쉽게 글 잘 쓰
는 전략'인데 제목 그대로 쉽고 짧은 글을 쓰라고 계속 조언한다.

또한 글쓰기에서 '구조'를 강조하여 틀을 제시하니, 처음 글을 배울 때 쉽게 글쓰기에 접근할 수 있다. 예술적으로 글을 잘 쓰는 법을 가르쳐주는 책은 아니지만, 실용적인 글을 쓰는 데 유용하다. 그래서 처음 글을 쓰고 배우는 입문서로 적합한 책이라 할 수 있겠다.

『글쓰기 훈련소』라는 책을 고르게 된 계기는 글쓰기 수업 받는 마무리 단계에서 함께 읽으면 좋겠다는 생각 때문이었다. 아니면 또 이 책 읽기를 미룰 것 같았다. 글쓰기 수업을 가볍게 시작했다가, 사실 요즘 글쓰기에 대한 부담감이 커졌다. 그래서 다시 마음을 다잡고자 이 책을 읽게 되었다. 책의 부제목이 '간단하고 쉽게 글 잘 쓰는 전략'이라 마음이 더 갔고 결과적으로 잘한 선택이었다. 책을 다 읽고 난 지금 글쓰기가 한결 쉽게 다가온다.

이 책은 독자가 먼저 글쓰기에 대한 생각을 바꾸게 한다. 저자는 우리에게 필요한 것은 어렵고 멋진 글이 아니라 쉽게 이해할 수 있는 글이라고 말한다. 그리고 고급스러운 글이기 이전에 명료한 글, 뛰어난 글에 앞서 자연스러운 글을 써야 한다고 주장한다.

그런 후 글쓰기의 새로운 방법인 '포인트 라이팅'을 소개한다. 저자는 '포인트 라이팅'이란 글쓰기를 개발해 특허를 받았다. 포인트를 알면 글쓰기 절반이 끝난다고 한다. '포인트 라이팅'은 포인트를 통해서 글쓰기를 정복하는 기법이다. 쓰려는 대상에서 포인트를 찾고, 포인트P-O-I-N-T란 순서에 따라 글을 쓰고, 상대의 마음을 파고들 수 있는 포인트를 주며 글을 마무리하는 것이다.

좋은 글감을 찾기 위해선 사물을 보는 날카로운 눈과 집요한 탐구력, 예민한 감각이 필요하다. 그렇게 해서 찾아내는 것이 바로 포인트이며, 글쓰기의 재료다. 글감을 찾는 것은 포인트를 찾는 것이다. 주제 대신 포인트를 잡는다. 이렇게 포인트를 파고들면 주제라는 뿌리와 만난다.

'포인트 라이팅 기법'으로는 먼저 작가적 글쓰기와 기자적 글쓰기를 합쳐야 한다고 한다. 작가적 글쓰기는 한마디로 감동을 주는 데 주안점이 있으므로 '재미있게' 써야 한다. 반면에 기자적 글쓰기는 사실이나 정보를 전달하는 데 목적이 있으므로 가능한 '짧고 명료하게' 써야 한다. 그리고 스토리텔링 글을 써야 한다. 한 가지 기법이 더 소개되는데 '화제·정보·감동·논란'이라는 네 범주로 쓰라고 한다. 이 네 가지는 글감을 찾는 범주이기도 하다. 글감을 파악할 때, 네 개의 범주 중 어디에 포인트를 둘 것인지를 생각해야 한다.

포인트 라이팅은 7단계 구조를 가진다. Intro-서두, Point-포인트, Outline-아웃라인, Information-배경 정보, News-뉴스, Thought-생각, Ending-결말이 바로 그것이다. 먼저 포인트를 파악하고 결정했으면, 다음으로 아웃라인을 짠다. 문제제기를 어떤 방식으로 하고, 근거는 뭘 제시할 것인가, 결론은 어떻게 지을 것인가를 설계하는 일이다. 그리고 배경 정보를 넣는다. 그 후 뉴스를 넣는다. 뉴스는 포인트에 관한 구체적인 내용이나 포인트를 뒷받침할 근거 혹은 사례를 말한다. 마지막으로 생각, 느낌, 의견을 넣고 마무리한다. 이 밖에 글쓰기 연습은 어떻게 하는지와 세부적인 글쓰기 기술을 알려준다. 또한 글쓰기 법칙을 소개해 우리가 글을 쓸 때 실수를 줄일 수 있게 돕는다. 예를 들어가며 잘 설명하고 있어, 우리 스스로 그 규칙에 따라 글을 교정할 수 있다.

글 장르에 따라 어떻게 글을 쓸지도 알려주는데 장르 분위기에 맞게 쓰라고 조언한다. 시사프로는 사사답게 정통 스타일로 써야 하고, 드라마 기사는 드라마틱하게, 개그프로는 읽으며 웃음보를 빵 터뜨릴 수 있도록 써야 한다고 말한다. 마지막으로 '비즈니스 라이팅'에 대해서도 길게 설명해 준다.

이 책을 읽고 나니 글쓰기가 조금은 쉽게 다가와 좋다. 이 책이 말하는 대로 조금씩 글쓰기를 연마해 가면 글쓰기 기술이 생길 수 있겠다는 기대감도 생긴다. 이 책에서 '마구쓰기'를 소개해 주었는데, 글쓰기가 싫을 때 그게 도움이 많이 될 것 같다. 그냥 아무거나 마구 쓰는 건데, 그렇게 마구 쓰다 보면 신기하게 아이디어가 떠오른다고 한다. 글을 계속 쓰는 것을 목표로 할 때 도움이 많이 될 것 같다. 글을 짧게 쓰고, 글쓰기에서 자주 하는 실수를 줄이며,

또한 저자가 소개하고 있는 '글쓰기의 구조'대로 쓰기만 해도 그럴듯한 글을 쓸 수 있다. 우리는 글쓰기에 대한 두려움을 버리고 글쓰기 기술을 연마하기만 하면 된다. 글쓰기는 재능이 아니라 기술이다.

한 줄 쓰기도 힘든 당신, 이 책을 읽으면 더 이상 글쓰기가 힘들지 않을 거다. '글쓰기 별거 아니네'라고 생각하게 만드는 게 이 책의 가장 큰 장점이 아닐까 싶다.

김원희 선교사

예술의 종말과 컨템퍼러리 미술 그리고 해석의 필요 –『예술의 종말 이후; 컨템퍼러리 미술과 역사의 울타리 After the End of Art; Contemporary Art and Pale of History』를 읽고

지은이/ 아서 단토

옮긴이/ 이성훈 · 김광우

초판발행/ 2004년 4월 20일

초판3쇄/ 2007월 12월 20일

출판사/ 서울: 미술문화

저자 아서 단토 (Arthur C. Danto, 1924~2013)는 분석철학의 본고장 미국에서 태어났다. 그는 젊은 시절 한 때 화가가 되겠다는 꿈을 품었다가, 인생의 진로를 철학으로 옮겼다. 단토는 웨인 대학과 컬럼비아 대학에서 미술과 역사를 공부했고, 1949년부터 1950년까지 풀브라이트 장학생으로 파리에서 공부했다. 그는 1951년 귀국해서 컬럼비아 대학에서 강의를 시작했고 이 대학에서 1966년부터 철학과 교수가 되었다. 단토는 미국 철학회 부회장과 회장, 미국 미학회 회장 등을 역임했다. 현재 그는 컬럼비아 대학의 Johnsonian 명예교수로 재직 중이다. 1984년 이래로《네이션》지의 미술비평을 담당하고 있다. 분석철학자인 단토는 헤겔과 니체를 연구했다. 이후 그가 예술철학으로 이행하면서 헤겔주의적 역사주의를 예술의 본질을 정의하는데 도입함으로써 다원주의 시대를 위한 비평의 새로운 장을 열었다.

단토는 이 책에서 미술이 1960년대에 종말을 고했다고 선언했다. 『예술의 종말 이후』는 과거에 미술을 정의했던 내러티브적 역사 경로로부터 미술이 어떻게 일탈했는가를 보여준다. 단토는 미술비평의 철학에 초점을 맞추어 컨템퍼러리 미술의 가장 주요한 특징, 창작을 하는데 모든 것이 가능하다는 점을 집중적으로 다루고 있다.

이 책은 모두 11장으로 구성되어 있다. 1장에서는 '모던, 포스트모던, 컨템퍼러리'로 이 세 시기의 최근미술경향의 철학적 토대와 배경을 밝혔다. 2장에서는 예술의 종말 이후 30년에서 600년 동안 지속되었던 '창조성'의 시대가 종말에 도달했다는 것을 선포한다. 3장의 거대서사 그리고 비평의 원리에서는 탈역사적 시대에 와서 철학의 길과 예술의 길이 갈라서게 되는 배경을 논한다. 이 갈라 섬의 의미는 탈역사적 미술과 미술비평이 다원주의적으로 이행함을 말한다. 4장은 모더니즘과 순수미술의 비판으로 칸트의 순수성에 기반을 둔 클레멘트 그린버그(Clement Greenberg)의 역사적 비전을 비평하고, 예술의 종말 이후 새로운 미술이 나타남을 제시했다. 5장은 미학에서 미술비평으로 6장은 회화와 역사의 울타리: 순수에서 회화가 미술사의 수레바퀴에서 다원주의가 이상적 예술로 정의됨을 말한다. 7장은 팝아트와 지나간 미래에서 예술작품과 예술작품이 아닌 것의 차이에 대해 질문하면서 미술이란 무엇인가 질문한다. 8장은 회화, 정치 그리고 탈 역사적 미술에 관해 다루었다. 9장은 모노크롬 미술(monochrome art)의 역사적 미술관에 관하여 10장은 미술관과 갈망하는 수백만의 군중들, 11장 역사의 양상에서는 역자 해설로 《단토의 예술철학 혹은 철학적 미술사》를 이성훈이 썼고, 김광우가 《아서 단토의 예술의 종말 이후》에 관하여 해설을 썼다.

뭐니 뭐니 해도 이 책의 가장 매력적인 부분은 1964년 뉴욕의 스테이블 갤러리(Stable Gallery)에서 앤디 워홀(Andy Warhol)이 전시한 『브릴로 상자』(Brillo Box,1964)를 본 후 '예술의 종말'을 선언한 것이다. 단토는 브릴로 상자('브릴로'는 세제 상표)들을 그대로 전시장에 옮겨 쌓아 놓은 워홀의 이 작품이 수만 달러를 홋가하는데 비해, 실제 슈퍼마켓 쓰레기 더미에 있는 '브릴로 상자'는 쓸모 없는 물건으로 분류되는 현상에 주목했다. 그는 이에 대해 "하나의 대상이 예술작품으로 여겨지는 것은 그것이 해석의 지배를 받게 된다는 점을 의미한다."며 예술의 종말을 선언했다.

이제 예술은 특정 양식이 다른 양식보다 미적으로 낮다는 판단이 무의미해졌다. 예술가 스스로 미술을 시각적인 문제가 아닌 '나는 누구인가?', '나는 세계와 어떻게 존재하는가?'와 같은 철학적인 문제로 인식했다. 단토는 '예술의 종말'이 예술 자체의 종말이 아니라 기존 예술사를 지배해왔던 거대 서사와 내러티브의 종말이라고 주장했다. 아서 단토의 이론이 세계적으로 주목받는 이유는 '예술의 종말'을 주장했기 때문이다. 게다가 그는 포스트모던이라는 용어로 현대 미술을 규정하는 것을 비판했다. 동시대 'contemporary' 라는 용어로 현대 예술의 방향을 설정했다. 이것은 세계적 조류가 되었다.

아서 단토가 헤겔의 미학을 근거로 예술의 종말을 선언한 그의 통찰은 매우 의미가 크다. 그럼에도 불구하고 반복되는 문장, 복잡하고 난해한 문장 구조, 고대에서 현대를 아우르는 방대한 규모의 내용, 라틴어, 독일어 등의 원어 사용은 이 책을 대하는데 어렵게 만드는 요소이다. 게다가 모더니즘 회화와 팝아트, 컨템퍼러리 아트 등 19세기 이후의 작품 경향 즉 현대미술을 알아야 한다. 르네상스의 바사리, 서양미술사를 양식사 측면에서 조명한 에른스트 곰브리치 등의 서양미술사를 꿰차고 있어야 책을 이해할 수 있다. 거기에 더해 칸트, 헤겔의 미학을 잘 알지 못하는 독자들에게는 매우 난해하게 느껴지는 책이다. 팝아트 이후 즉 컨템퍼러리 미술작품들은 해석을 필요로 하기 때문이다.

이 책에서 가장 인상적인 부분의 앤디워홀의 작품 『브릴로 상자』를 보는 순간 예술의 종말을 선언한 장면이다. 그가 헤겔이 예견한 미술의 양식이 미술사를 끝낼 것이라는 것을 떠올렸던 때문이다. 단토는 앤디 워홀의 작품 『브릴로 상자』가 그동안 미술비평을 지배했던 양식의 문제를 깨뜨리고 예술 개념 자체의 종식을 의미하는 작품이라고 보았다.

서양의 예술 개념은 플라톤(Platon)의 『국가』에서 언급된 '모방'이었다. 그리스 예술의 조각과 드라마가 모방적이었으므로 플라톤이 예술을 모방으로 본 것은 당연했다. 시각 예술을 모방으로 보는 시각은 르네상스를 거쳐 1960년대까지 고정 관념이었다. 20세기의 모던 아트는 각기 자신들의 자체 용어로 미술을 정의하고자 시도했고 경합한 동향이었다. 모더니즘의 최고 성과물 가운데 하나는 선언문이다. 단토는 선언문을 미적 이데올로기가 새로운 사회적, 정치적 요구 안에서 작용하는 미술의 역할을 규정하는 것처럼 미술의 미래에 대한 방향을 설정하는 예술적 문서로 보았다. 모더니즘 시기에 선언문의 규정에 맞지 않는 것은 미술로 인정받지 못하는 경향이었다. 이런 고정화된 미술 개념의 붕괴는 곧 미술사의 붕괴를 의미했다. 모더니즘의 그린버그나 양식사적 측면의 미술사가 곰브리치(Sir Ernst Hans Josef Gombrich)는 1964년 워홀의 『브릴로 상자』에 어떤 가치가 있는지를 깨닫지 못했다. 하지만 단토는 1980년대 중반 자신이 20여 년 전 화랑에서 본 워홀의 『브릴로 상자』를 떠올리고 그 작품의 의미가 미술사의 붕괴임을 깨닫고 《예술의 종말》 논문을 발표했다.

이 책의 가장 큰 장점은 바로 단점에서 논의했던 부분이다. 방대한 미술의 역사와 철학의 역사 흐름 안에서 필연적으로 미술사에서 팝아트와 모더니즘 그리고 컨템퍼러리 미술에 이르는 배경과 토대가 되는 이론적 사상들을 제시하고 있는 점이다. 주의 깊게 단토의 글을 따라가다 보면 놀라운 통찰을 발견하게 된다.

이 책의 가장 큰 덕목은 현재 우리의 문화 예술이 어느 지점에 와 있는지 정확하게 진단하고 있다는 것이다. 그것은 예술의 종말이 왔고, 예술가는 다원주의의 무한한 자유를 누릴 수 있다는 것이다. 이 책에서 미학적으로 가장 중요한 부분은 마르셀 뒤샹(H. R. Marcel Duchamp)의 레디 메이드(readymade) 작품 『샘』(Fountain,1917)의 전시와 앤디 워홀의 『브릴로 상자』의 등장이다. 이 작품들은 21세기의 다원주의의 포문을 연 계기가 된 작품이기 때문이다.

예술의 종말 이후는 새로운 예술의 개념으로 출발이 약속된 시대이다. 예술의 종말은 서양 예술의 종말을 의미한다. 단토는 파리 등 유럽 내에서의 예술만을 예술로 인식하고 유럽 밖에서 행해지는 그 밖의 예술을 예술로 받아들이지 않았던 데 대해 반성을 요구한다. 19세기 말 고갱과 유럽의 미술가들은 아프리카, 아시아 예술(1889년 파리 박람회에서의 일본의 우끼요에 판화 등)을 접하면서 모방이 더 이상 예술적 이상이 아니라는 것을 깨닫고 놀랐다. 이는 곧 "시각 예술이란 과연 무엇인가?", "궁극적으로 미술은 무엇인가?"하는 의문을 낳았다. 미술가들은 곧 미술이 어떤 것에 대한 모방이 없더라도 완전 추상이 가능하다는 것을 알게 되었다. 또한 그들은 마르셀 뒤샹이 화두를 던진 즉 미술가가 만들지 않더라도 미술작품이 될 수 있음을 발견한 것과 마찬가지로 미술품이 되기 위해서 반드시 지녀야 하는 특정한 방식이란 없다는 것을 깨달았다. 다원주의를 예고하는 유럽 중심의 역사의 울타리의 붕괴가 시작되고 이는 모든 양식이 동등하게 취급되어야 하는 것을 의미했다. 미술사를 양식의 역사로 보고 미술품의 질적 차이를 양식의 차이로 논하는 것은 무의미해졌다. 특히 단토의 예술의 종말은 미술 운동과 선언문들의 종말을 의미한다. 모든 양식이 우열 없이 동등해야 하는 다원주의에 대한 인식을 뜻한다.

단토는 포스트모더니즘이란 용어의 사용을 반대한다. 포스트모더니즘이란 말을 퍼뜨린 찰스 젠크스(Charles Alexander Jencks)는 『포스트모던 건축의 언어』(1975) 등 여러 저서에서 국제 현대 양식에 대한 반동으로 등장한 절충주의를 설명하기 위해 이 용어를 사용했다. 포스트모더니즘은 공통점이 없는 양식들을 혼합하거나 역설적 방법으로 의식적인 문화적 참조들을 나타내는 회화와 조각으로 분류된다. 로버트 벤투리(Robert Charles Venturi Jr.)는 『건축에서의 복잡성과 모순』(1966)에서 가치 있는 공식이 있다면 "'순수한' 것보다는 혼성된 것, '단정한' 것보다는 절충된 것, '명료한' 것보다는 '모호한' 요소들이 '흥미로운' 만큼 외고집스럽다."라고 기술했다.

이 공식을 회화에 적용해보자. 쓰레기 등 잡동사니를 모아 이질적으로 결합한 앗상블라주 작품을 제작한 로버트 라우센버그(Robert Rauschenberg), 스페인의 구엘 공원에 도자가 파편으로 만든 모자이크에서 차용하여 도자기 파편으로 분열된 현대인의 얼굴을 표현한 줄리앙 슈나벨(Julian Schnabel), 단편적인 이미지들을 한 화면에 뒤섞은 데이비드 살르(David Salle)의 작품 그리고 스페인의 빌바오 구겐하임 미술관을 건축한 프랭크 게리(Frank Owen Gehry)의 건축물이 포스트모던이라고 할 수 있다. 그러나 전광판의 글씨를 통해 소비사회의 비판과 여성문제를 다룬 페미니즘 경향의 제니 홀저 (Jenny Holzer)나 미니멀 아트를 현대적으로 표현한 로버트 맨골드(Robert Mangold)의 작품에는 이 공식이 적용되지 않는다.

그렇기 때문에 단토는 포스트모더니즘을 하나의 '양식으로 보는 것'과 '모더니즘의 계승인 동시에 초월'이라는 식으로 그 용어를 사용하는 것이 잘못임을 지적한다. 그렇다면 새로운 예술의 정의란 무엇인가? 단토는 미술이 온갖 질서의 미술과 양립 가능하기 위해서는 미술에 대한 정의가 최소한으로 약화되어야 함을 지적한다. 그는 미술품으로 인정받으려면 반드시 어떤 의미를 지녀야 하고 그 의미가 작품에서 물질적으로 구성되어야 한다고 보았다. 이는 오브제(objet)가 해석을 통해 작품으로 변용되어야 하며 그 오브제에 읽을거리가 있어야 함을 뜻한다. 이는 미술품으로 존재하려면 관람자가 이해할 수 있는 비평이 따라야 한다. 비평가의 역할이 그 어느 때보다도 커졌다. 비평은 작품에 대한 판단만 하는 것이 아니라 작품의 성립에도 작용한다.

오늘날 국립현대미술관 컨템퍼러리 섹션이나 삼성미술관 리움 전시장과 특히 프랑스 파리의 퐁피두 센터(Centre Georges-Pompidou), 영국 런던의 테이트 모던 미술관(Tate Modern Museum) 등 현대미술관을 방문했을 때 그 안에 전시된 작품들을 한 작품도 제대로 이해하지 못하고 당혹스럽게 갤러리를 나올 때가 있다. 또한 월간미술 잡지에 게재된 작품과 글을 읽으려면 작품과 글을 이해하기에 어려움을 느끼기 일쑤다. 미술평론가가 쓴 글을 읽으면 읽을수록 더 더욱 이해가 되지 않는다. 그래서 "그림은 아는 만큼 보인다"는 말이 있다. 그 작품의 배경을 알고 그 작품을 해석하지 않으면 작품을 이해할 수 없기 때문이다. 컨템퍼러리 아트는 작품 속의 의미를 독자가 읽어내야 감상이 가능하다.

이 책은 컨템퍼러리 미술 작품들을 감상하기를 원하는 사람과 컨템퍼러리 작품을 제작하는 예술가, 글을 쓰는 사람에게 꼭 추천하고 싶다. 예술을 사랑하여 미술사적 배경과 철학적 배경 그리고 작품의 근간을 이루는 철학적 토대를 읽어 내기를 원하는 사람들에게도 꼭 추천하고 싶은 책이다.

문갈렙 선교사

실패한 사람들을 통해 배우는 재정관리 원칙
– 척 벤틀리의 『돈에 넘어진 성경의 사람들』을 읽고

저자: 척 벤틀리

번역: 완진무

초판발행: 2015년

출판사: 한국청지기아카데미

Chuck Bentley의 『THE WORST FINANCIAL MISTAKES IN THE BIBLE/돈에 넘어진 성경의 사람들』(2015)은 출간된 이후 2022년 4월까지 한국어 번역서만으로도 7쇄를 거듭한 신앙 서적이다. 저자는 이 책에서 하나님께서 우리에게 맡기신 사명과 재정에 대하여 그 관리에 실패한 사례들을 성경에서 찾아 열거하고 있다. 독자가 여러 유형의 남의 실수를 보고, 자신도 저지를 수 있는 실수에 대처하는 값진 교훈을 넉넉히 얻도록 도와주는 책이다.

저자는 미국 크라운재정사역(Crown Financial Ministries; www.crown.org)의 대표로서 미국에서 '마이 머니라이프'(My MneyLifeTM)라는 전국 라디오방송의 진행자이다. '공급자 하나님'(God ProvidesTM Film)이라는 영상물도 제작했다. 저서로는 『부의 뿌리』(The Root of Riches)(생명의말씀사), 『솔트플랜』(The S.AL.T. Plan: How to Prepare for an Economic Crisis of Biblical Proportions) 등이 있다.

이 책은 모두 열아홉 사례를 성경 본문에서 찾아 제시하고 있다. 재정관리의 실패가 왜, 무엇 때문에 일어나게 되었는지를 상세하게 고찰하고 있다. 저자가 이 책을 쓰기 위하여 관련 내용을 찾기 시작할 때만 해도 성경 인물들의 재정 실수는 대부분 재정관리 방법 때문에 일어났을 것으로 생각했다고 한다. 그러나 부채, 저축, 투자, 미래 계획 등에 대한 그릇된 관리 때문에 일어난 사례는 생각보다 얼마 없다는 사실에 놀랐다고 한다. 의외로 그 원인은 잘못된 관리 방식이 아니라 잘못된 우선순위에 있음을 발견했다고 술회한다. 성경에서 재정 실수를 저지른 인물들은 마음속에 잘못된 동기와 잘못된 태도를 가지고 있었다는 점을 강조하고 있다. 즉 다시 말하면 그들의 문제는 하나님의 말씀을 버리고 세상의 지혜를 선택하면서 시작되었다는 것이다. 그렇기 때문에 재정 실수 사례를 피하는 최선의 방법은 돈에 대한 생각을 철저하게 바꿔 나갈 것을 권유하고 있다. 즉 마음의 생각을 완전히 바꾸라는 주장이다.

그 예로 아브라함의 조카 롯의 경우를 다루면서 저자가 밝히는 원인과 대안은 이렇다. 태초부터 사탄은 사람에게 세상에서 얻을 수 있는 최고의 것을 탐하라고 유혹해왔다. 하지만 재물에 대한 이기적인 교만은 재정 실수를 일으키게 한다. 교만에 빠져 있을 때, 남들은 쉽게 알아차리지만 정작 자기 스스로는 그것을 깨닫기가 어렵다. 그 당시 약 75세였던 아브람은 이 갈등 때문에 사랑하는 조카와의 관계가 나빠질 수 있겠다는 것을 지혜롭게 알아차렸다. 이미 두 사람은 상당히 부유한 자들이었지만, 아브람은 돈보다 두 사람 간의 관계를 더 소중히 여겨 결국 갈등을 끝맺기 위해 롯에게 너그럽게 땅의 선택권을 양보했던 것이다. 자기 자신과 자기 소유의 가축만을 생각했던 롯은 '물이 넉넉한 땅'을 택했다. 물이 없으면 가축들이 죽을 수 있기 때문에 세상의 관점으로는 현명한 경제적 선택이었겠지만, 하나님의 경제 관점으로 보면 어리석고 이기적인 선택이었다. 롯은 연장자인 삼촌을 존중하지 않았을뿐만 아니라 소돔에서 가까운 곳에 사는 것은 위험할 수 있다는 사실도 무시했다. 창세기 19장을 보면 롯은 하나님께서 소돔을 멸

하실 것이라는 천사들의 말을 듣고 소돔을 떠나 간신히 목숨은 건졌지만, 그 과정에서 그의 아내는 죽고 말았다. 반면에 아브람은 하나님의 축복을 받았다. 롯은 하나님과 상관없이 최고의 땅을 택했지만 얼마 못 가서 그 땅을 모두 잃고 말았다.

사람들은 당연히 최고의 것을 선택하려 한다. 그리고 세상의 마케팅 담당자들은 이러한 인간의 속성을 잘 이용할 줄 안다. 그들은 "당신은 최고의 것을 누릴 자격이 있다."는 말로 육신의 욕망은 정당한 것이라며 부추긴다. 그들은 광고에서 더 많이, 더 크게, 더 나은, 더 빠른 혜택을 주겠다고 밀어붙이며, 지금 가지고 있는 물건과 환경에 대한 불만을 유발한다. 이기적인 교만의 함정을 피하는 방법으로 첫째, 빌립보서에서 사도 바울이 말한 충고를 따르도록 하자. 아브람은 좋은 땅을 가질 권리를 포기하고 롯에게 양보하는 관대함을 보여주었다. 그 후에도 그는 죽음을 마다치 않고 잡혀간 조카를 구출함으로 다시 한번 아량을 베풀었다. 우리는 사도행전에서 이처럼 관대한 태도가 초대 교회의 특징이라는 것을 알 수 있다.

둘째, 우리는 영원한 상급을 위하여 수세기 동안 세상의 소유물을 기꺼이 포기한 허다한 증인들이 우리를 둘러싸고 있음을 기억해야 한다. 우리는 '금보다 더 귀한'(벧전 1:7) 믿음을 가진 사람들이다. 믿음이라는 이 귀중한 영적 자산은 눈에 보이지는 않지만, 분명히 존재하며 영원하다는 확신을 가져야 한다. 좋은 것을 소유하는 일이 잘못된 것은 아니다. 문제는 우리가 이기적인 동기로 우리 자신만을 위하여 최고의 것을 원할 때 발생한다. 이는 궁극적으로 마음속의 동기에 문제가 있는 것이지 단순히 소유물 자체의 문제는 아니다. 영광이나 안전, 쾌락을 위하여 물질과 명예 등을 원하는 것은 인간의 자연스러운 욕구이다. 그러나 하나님은 우리가 먼저 하나님을 사랑하고, 우리의 필요를 채워 주시는 그분을 신뢰하기를 바라신다.

위와 같은 접근방법으로 저자는 발람, 아간, 나발, 아합왕과 이세벨, 엘리사를 찾아온 한 과부, 솔로몬, 요나, 하나님의 것을 훔친 이스라엘 백성, 어리석은 부자, 한 달란트 맡은 청지기, 가룟 유다, 탕자 차남, 아나니아와 삽비라 등등 열 아홉 사례를 들고 있다. 사명에 대하여 타협하고 재정에 실패한 인물들을 성경에서 발췌하고 하나하나 분석하여 교훈적으로 우리에게 제시하고 있다.

이 책을 통해서, 이제까지 성경 속의 영웅들, 믿음에 성공한 사람들만이 우리의 관심 대상이요 벤치마킹의 대상이었다면, 반대로 실패하고 좌절한 사람들, 넘어진 자들을 통해서도 재정에 대한 귀한 가르침을 얻을 수 있음을 알게 된다는 점을 배울 수 있다. 누구나 물질에 유혹되어 넘어질 수 있는 연약한 존재라는 점에서 이 책은 우리에게 말씀과 함께 무엇에 우선순위를 두고 일할 것인가에 대한 유의사항을 역설하고 있다. 어떻게 하면 넘어지지 않고 하나님의 기대에 부합하는 삶을 살 것인가에 대한 적절한 대안을 제시하는 매우 유익한 영성 도서이기 때문에 많은 성도들이 읽으면 물질관에 대한 올바른 길잡이를 얻게 될 것이라 확신한다.

오늘도 삶의 노래를 쓴다

GMP 글쓰는 선교사 9인이 쓴 **첫 번째 삶의 노래**

지은이 김원희 김혜진 문갈렙 박혜정 안은향 양성금 이영 원로이스 황보영

발행일 초판 1쇄 발행 2023년 11월 16일
발행인 김도인
펴낸곳 글과길

출판사 등록 제2020-000078호[2020.5.29.]
　　　　　서울특별시 송파구 삼학사로 19길 5 3층
　　　　　wordroad29@naver.com
편집　　박혜정
디자인 안영미
공급처 하늘유통
　　　　　경기도 파주시 광탄면 분수리 350-3
　　　　　전화 031—947-7777
　　　　　팩스 0505-365-0691
ISBN　979-11-984685-1-2 03230
값　　　17,000원